Hans-Georg Obenauer

Etudes de syntaxe interrogative du français

Quoi, combien et le complémenteur

Max Niemeyer Verlag
Tübingen 1976

CIP-Kurztitelaufnahme der Deutschen Bibliothek

Obenauer , Hans-Georg
Études de syntaxe interrogative du français :
quoi, combien et le complémenteur. — 1. Aufl. —
Tübingen : Niemeyer, 1976.
   (Linguistische Arbeiten ; 34)
   ISBN 3-484-10249-7

D 93

ISBN 3-484-10249-7

© Max Niemeyer Verlag Tübingen 1976

AVANT-PROPOS

Cette thèse doit énormément de choses à beaucoup de monde. En premier lieu,
évidemment, à Christian Rohrer, qui l'a dirigée, et à Nicolas Ruwet et Richie
Kayne. Pour avoir clarifié de nombreux points, m'avoir empêché de dire certaines bêtises et m'avoir donné constamment leurs conseils et encouragements,
tous trois ont une part immense à ce qui est réussi dans ce travail. Je les
remercie bien sincèrement. Ils ne sont nullement responsables des insuffisan-
ces ni des erreurs qui peuvent rester.

N'en sont pas plus responsables Schafik Allam, Michèle Andrivet, Wulf Bauer,
Klaus Baumgärtner, Claire Blanche, Maurice Borel, Cassian Braconnier, Bernard
Cerquiglini, Donna Christian, Eugenio Coseriu, Jacques Coursil, Roland Dachelet,
Joe Emonds, Tiên et Gilles Fauconnier, Marie-Paule Geslin, Tim Fogherty, Josse-
lyne Gérard, Patrick Greussay, Maurice Gross, Monika et Franz Günthner, Satish
Gupta, Paul Hirschbühler, Akbar Karmaly, Herwig Krenn, Joachim Kühn, Denise et
Rainer Lorenz, Jean-Claude Milner, Jean Molino, Catherine Morin, Jürgen Obenauer,
Ayesha Oppenheimer, Alan Prince, Henk van Riemsdijk, Xavier Rodet, Alain Rouve-
ret, Carlos Santana, Amba Sanyal, Elvira et Armin Schlenker, Rajeev Sethi, Lisa
Selkirk et Jean-Roger Vergnaud, Jean Stéfanini, Irvena Suin, Marcia et André
Tchen, Marie-Thérèse Vinet, Hanna et Georg Vogel, Mario Wandruszka, Grete Wanka,
Erika Ziegler, que je remercie de tout ce qu'ils m'ont apporté.

TABLE DES MATIERES

ABREVIATIONS ET SYMBOLES

A	adjectif
AP	syntagme adjectival
CL	clitique
COMP	complémenteur
N	nom
NP	syntagme nominal
P	préposition
PP	syntagme prépositionnel
PRO	pronom
Q	quantifieur
S	phrase
SCL	clitique sujet
V	verbe
VP	syntagme verbal
[,]	frontières de constituant
#	pause
->	règle de base
-->	transformation

Les noms des règles sont donnés en majuscules. Ils figurent en anglais ou en français suivant la langue dans laquelle ils ont été proposés. Les règles proposées dans ce texte reçoivent des noms français.

INTRODUCTION

Ces études de syntaxe interrogative du français se subdivisent en deux parties indépendantes. Certains résultats partiels de la première sont cependant utilisés dans la deuxième.

Le cadre théorique dans lequel elles s'inscrivent est celui de la grammaire générative tel qu'il a été défini par Chomsky ((1965) et articles ultérieurs).

La "Syntaxe de *combien*" examine les cas où le quantifieur interrogatif apparaît séparé du syntagme nominal qu'il quantifie, comme dans *combien as-tu de cousins* vs. *combien de cousins as-tu*. La première construction est soumise à un certain nombre de restrictions qui ne s'appliquent pas à la seconde. Je commence par une formulation provisoire des deux règles apparemment nécessaires, SCISSION et COMBIEN-POSTPOSITION. Chacune d'elles paraît assez proche d'une autre règle déjà bien justifiée, mais certains faits semblent interdire l'assimilation pure et simple de SCISSION à WH-MOVEMENT, et de COMBIEN-POSTPOSITION à STYL-INV (inversion stylistique).

Après le rejet de plusieurs analyses concurrentes, en particulier de l'hypothèse de la règle unique, les paragraphes 3 et 4, en fait, justifient, pas à pas, cette assimilation. Ils démêlent, en étudiant en particulier les ressemblances et contrastes entre *combien de NP* et *qui/quoi de AP*, les contraintes en jeu et montrent leur indépendance vis-à-vis des règles. Si les ressemblances entre SCISSION et WH-MOVEMENT et entre COMBIEN-POSTPOSITION et STYL-INV suggèrent fortement l'assimilation, l'identification des contraintes l'impose. L'étude de l'interaction précise des règles générales et de l'effet des contraintes fait apparaître leur jeu d'ensemble et permet de décrire les faits, superficiellement peu clairs, d'une façon simple et cohérente.

Le but est le même dans le deuxième chapitre, consacré à *que* "interrogatif". En réponse à la question de savoir ce que c'est que *que* interrogatif, deux hypothèses très différentes se proposent de prime abord: celle du pronom objet, variante de *quoi*, et celle du complémenteur (ou "subordonnant"). Il s'avère que l'hypothèse du pronom ne peut être maintenue qu'au prix de contradictions ou de restrictions ad hoc, et qu'il est impossible de lui faire exprimer certaines généralisations significatives. L'hypothèse du complémenteur est démontrée meilleure dans quatre domaines différents. Je prétends donc que le *que* des interrogatives n'est pas plus un pronom que celui des relatives, reconnu comme le complémenteur par Kayne. Ce résultat, surprenant dans un sens, conduit à la formulation d'un principe général d'interprétation des structures introduites par *que*. Sur un tout autre plan, il suggère que les différences entre le *que* interrogatif du XVIIe siècle et celui du français actuel seraient explicables en termes de différences entre le pronom et le complémenteur, supposition qui reste à vérifier par une étude historique qui n'est pas mon propos dans ce travail.

PREMIER CHAPITRE: LA SYNTAXE DE *COMBIEN*

1.   L'hypothèse des deux règles

1.0.   Le paragraphe 1.1. présente des arguments en faveur d'une règle déplaçant le quantifieur de NP *combien* à gauche et ressemblant d'assez près à la règle WH-MOVEMENT (WH-MOVE dans la suite du texte).

Le paragraphe 1.2. montre qu'une telle règle ne suffit pas pour tous les cas, et qu'il faut en plus une règle déplaçant *de NP* à droite, celle-ci ressemblant à la règle STYLISTIC INVERSION (STYL-INV).

Le paragraphe 1.3. discute quelques aspects généraux de la séparabilité de *combien*.

1.1.   La règle de déplacement à gauche

1.1.1. Le quantifieur interrogatif *combien* apparaît, à l'intérieur des syntagmes nominaux, dans une position qui précède celle du nom quantifié:

    (1) a.   Combien de ministres as-tu rencontrés chez Jean-Charles?
        b.   Combien d'argent Gaston a-t-il misé sur "Dizzy Dizzy"?
        c.   Combien de mots connaît-elle en xemahoa?
        d.   Combien d'articles Jean-Sol Partre a-t-il écrits depuis un an?

Cette position n'est pas celle de l'article dans:

    (2) a.   Combien de tes amis as-tu invités pour ce soir?
        b.   Combien de ces livres vend-il par mois?
        c.   Combien des films présentés au festival vont-ils censurer?

et j'admettrai dans ce qui suit que *combien* quantifie, non des noms, mais des NP. [1,2]

_____

1. Cette supposition n'est pas la seule compatible avec les données de (2). Milner (1975:112) admet que *combien* quantifie des N dans une configuration N" [*combien* $_{N'}$ [*de N*]] (où il semble d'ailleurs nécessaire de remplacer N par N' pour rendre compte des noms "complexes" tels que *guide de montagne, jeune chien* - cf. pour ce dernier l'hypothèse de Ronat (1975) selon laquelle

Parallèlement à (1) et (2), on trouve (3) et (4) avec le syntagme nominal dissocié de "son" quantifieur:

(3) a. Combien as-tu rencontré de ministres chez Jean-Charles?
    b. Combien Gaston a-t-il misé d'argent sur "Dizzy Dizzy"?
    c. Combien connaît-elle de mots en xemahoa?
    d. Combien Jean-Sol Partre a-t-il écrit d'articles depuis un an? [3]

(4) a. ?Combien as-tu invité de tes amis pour ce soir?
    b. ?Combien vend-il de ces livres par mois?
    c. ?Combien vont-ils censurer des films présentés au festival?

Dans l'hypothèse d'une relation transformationnelle entre (1) et (3), et entre (2) et (4), ces exemples pourraient immédiatement suggérer une analyse dans laquelle le NP quantifié est déplacé à droite du verbe au moyen d'une règle GLISSEMENT A DROITE:[4]

(5)   (facultative)

    $combien$ de NP Y V X --->   1 $\emptyset$ 3   4   2   5
        1   2   3   4   5

---

les adjectifs "simples" sont dominés par N'). La différence entre la position de Milner et celle que je prends ici est sans importance pour l'argumentation qui suivra. - Pour la notation "prime", cf. Selkirk (1972).

2. Entre les syntagmes non quantifiés et les quantifiés correspondants, on constate un parallélisme incomplet:

    les garçons   -   combien des garçons
    ces garçons   -   combien de ces garçons
    aux garçons   -   à combien des garçons
    à des garçons   -   à combien de (*des) garçons

Le paradigme de $combien$ peut être régularisé par la règle CACOPHONIE (Gross: 1967) que je donne dans une formulation de Ruwet:

(a) X de de $\text{ART}_{[+DEF]}$ Y --->   1   2 $\emptyset$ $\emptyset$ 5
        1   2   3   4   5

Ceci nous permet de considérer la séquence superficielle $combien$ de N comme un NP composé de $combien,$ de et un NP.
Gross a proposé ce traitement pour les "prédétermineurs" du genre $beaucoup,$ $peu,$ $tant,$ etc. Du point de vue syntaxique, la principale différence entre $combien$ et ces éléments est le fait que $combien$ est marqué [wh]; il a en commun avec eux diverses propriétés de "quantifieur".

3. Cité d'après B. Vian, $L'écume$ des $jours.$

4. Pour une hypothèse n'admettant pas de relation transformationnelle entre ces phrases, v. le § 1.3., plus bas.

On admettrait ainsi que GLISS DR s'applique à une séquence *combien de NP* qui se trouve en position initiale de phrase à la suite de l'application de WH-MOVE, [5] en déplaçant *de NP*. La nouvelle position de *de NP* suit immédiatement celle du verbe; *de NP* est moins naturel en fin de phrase - cf.

> (6) a.   ?Combien as-tu rencontré chez Jean-Charles de ministres?
>
>   b.   ?Combien Luc a-t-il perdu à Disneyland d'argent?
>
>   c.   Combien Luc a-t-il perdu d'argent à Disneyland?

- ou en position finale de VP:

> (7) a.   Combien as-tu prêté d'assiettes à ma soeur?
>
>   b.   Combien a-t-il promis de pages à son éditeur?

> (8) a.   ?Combien as-tu prêté à ma soeur d'assiettes?
>
>   b.   ?Combien a-t-il promis à son éditeur de pages?

L'hypothèse exprimée par (5) se révèle cependant mauvaise, puisqu'elle donnerait, à partir des phrases (9), les phrases correspondantes (10):

> (9) a.   Combien d'amis ont rouspété?
>
>   b.   Combien de femmes ressemblent à Solange?
>
>   c.   Combien de clients attendent depuis plus de deux heures?
>
>   d.   Combien de sous-marins ont appareillé dans la Mer de la Tranquillité?

> (10) a.   *?Combien ont rouspété d'amis?
>
>   b.   *?Combien ressemblent de femmes à Solange?
>
>   c.   *?Combien attendent de clients depuis plus de deux heures?
>
>   d.   *?Combien ont appareillé de sous-marins dans la Mer de la Tranquillité?

Le contraste suivant est particulièrement frappant:

> (11)   Combien a-t-il été cassé de bouteilles?
>
> (12)   *?Combien ont été cassées de bouteilles? [6]

(11) et (12) seraient dérivées, au moyen de (5), de (13) et (14), respectivement, qui sont toutes deux acceptables:

> (13)   Combien de bouteilles a-t-il été cassé? [7]
>
> (14)   Combien de bouteilles ont été cassées?

---

5. J'admets que WH-MOVE s'applique, en les déplaçant en bloc à gauche, à des NP ou PP du type [(P) [*combien de* NP]].

6. Tous les locuteurs ne rejettent pas toutes les phrases du type (10) et (12). Tous les locuteurs cependant qui rejettent (10) et (12), ou qui ont des doutes quant à leur acceptabilité, acceptent sans hésiter (3) et (7). Cf. à ce sujet le § 1.2.

7. Certains locuteurs font des réserves sur l'acceptabilité de (13), indépendamment de leur jugement à propos de (12). Cf. la note 32.

On constate que dans les phrases acceptables (3) et (7), contrairement aux phrases inacceptables (10) et (12), l'élément interrogatif n'est pas identique au sujet de surface.[8] Il semble que la séparation du quantifieur et du syntagme quantifié est possible précisément lorsque *combien de NP* se trouve en position postverbale.[9] Cela nous amène à rendre la règle sensible à cette position et, en même temps, à abandonner l'hypothèse que WH-MOVE précède la séparation.

Dans les phrases acceptables, c'est en effet avant l'application de WH-MOVE que le syntagme contenant *combien* se trouve en position postverbale, et le fait de séparer *combien* de *de NP* conduira à ces phrases comme prévu. Dans (10) et (12) par contre le syntagme quantifié est identique au sujet de la phrase; si l'isolement de *combien* dépend de la position postverbale du syntagme, la règle de séparation ne peut pas engendrer ces phrases.

1.1.2. L'argument du paragraphe précédent contre une transformation GLISS DR de la forme (5) ne concerne pas seulement l'ordre relatif de cette opération et de WH-MOVE. Du point de vue du déplacement effectué, cet argument exclut un mouvement à droite tel qu'il était supposé pour la séquence *de NP* dans (5). A partir d'ici, j'opposerai donc à l'hypothèse du déplacement à droite, qui suivrait l'antéposition en bloc de *combien de NP* au moyen de WH-MOVE, l'hypothèse du déplacement à gauche de *combien* tout seul à partir de la position postverbale, cela à un moment où WH-MOVE ne s'est pas encore appliquée.[10] Ce déplacement ressemble alors à celui d'autres éléments interrogatifs apparaissant dans des positions différentes de la position initiale de phrase, tels que

---

8. Et a déclenché l'inversion du sujet clitique (SUBJ-CL-INV; cf. Kayne (1969, 1972)). Les phrases suivantes, où SUBJ-CL-INV n'a pas été appliquée, et qui sont acceptables en français parlé, comportent également un *combien* isolé du NP qu'il quantifie:

    (b)   Combien tu as d'argent sur toi?
           Combien il fait jongler de mecs?

En suivant Kayne (1972:100), j'admets que SUBJ-CL-INV est facultative dans ces cas. Les conditions pour l'isolement de *combien* sont les mêmes que dans (3) et (7): le NP comportant le quantifieur se trouve, avant l'application de WH-MOVE, en position postverbale.

9. Ce qui présuppose que l'extraposition du NP dans (11) s'est faite avant la séparation.

10. Cette dernière hypothèse ne dit encore rien sur un éventuel déplacement à droite de la séquence *de NP* à partir de la position postverbale. V. à ce sujet le § 1.1.4.

à qui, quand, où dans (15), et qui sont antéposés par WH-MOVE dans (16):

    (15) a.   Elle veut vendre ces bibelots à qui?
         b.   Il compte partir quand?
         c.   Son oncle habite où?

    (16) a.   A qui veut-elle vendre ces bibelots?
         b.   Quand compte-t-il partir?
         c.   Où habite son oncle?

C'est sous l'aspect de cette ressemblance aussi que se pose la question du rapport entre la séparation de *combien* - j'appellerai cette règle SCISSION, provisoirement - et WH-MOVE.

Notons un deuxième argument en faveur de l'hypothèse du déplacement à gauche. Contrairement à toute analyse qui aboutirait à transporter la séquence *de NP* à droite comme dans (5), elle évite la difficulté suivante: pour engendrer

    (17) a.   Combien crois-tu qu'il possède de maisons?
         b.   Combien crois-tu qu'il aurait aimé qu'on lui donne de sandwiches?

dans l'hypothèse de (5), il faudrait violer le principe interdisant l'insertion de matériel morphologique dans une phrase déjà traitée dans un cycle précédent, en "descendant" *de maisons* dans la subordonnée de (17a), ou *de sandwiches* dans la subordonnée de la subordonnée de (17b), et ainsi de suite.[11] Au lieu de cette "descente", la nouvelle hypothèse admet la "montée" du quantifieur, montée qui correspond d'ailleurs à celle des autres mots interrogatifs - cf.

    (18) a.   A qui penses-tu qu'elle va s'adresser?
         b.   Où dit-il qu'il aurait fallu qu'elle aille?

- ce qui confirme l'idée que les déplacements en question sont à rapprocher l'un de l'autre.

Une alternative à cette "descente", permettant à la fois de sauver l'hypothèse du déplacement à droite et d'éviter la violation de la contrainte concernant le cycle, consisterait à admettre que (17) a et b n'ont pas, comme je viens de le supposer, les structures de surface

    (19) a. $_{S_1}$[combien crois-tu $_{S_2}$[qu'il possède de maisons]]
         <u>b</u>. $_{S_1}$[combien crois-tu $_{S_2}$[qu'il aurait aimé $_{S_3}$[qu'on lui donne de sandwiches]]]

mais plutôt les structures suivantes:

---

11. Pour ce principe, cf. le § 2.

(20) a. $_{S_1}$[combien crois-tu $_{S_2}$[qu'il possède] de maisons]

    b. $_{S_1}$[combien crois-tu $_{S_2}$[qu'il aurait aimé $_{S_3}$[qu'on lui donne]] de sandwiches]

où le NP quantifié, tout en étant déplacé à droite, reste dans la phrase où il a été promu par WH-MOVE de *combien de NP*; *de NP* serait alors rattaché au noeud S_1, comme dans

(21)

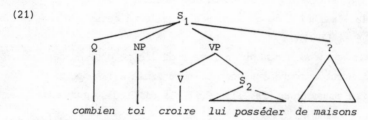

    combien toi croire lui posséder de maisons

ou au noeud VP, à droite de S_2, étant donné l'inacceptabilité de

(22)   :Combien crois-tu de maisons qu'il possède?

Dans l'hypothèse des structures du type (20) il n'est donc pas possible de placer *de NP* immédiatement après le verbe qu'il suivait avant d'être antéposé par WH-MOVE,[12] car il suivra obligatoirement les compléments qui se trouvent dans sa phrase d'origine, comme dans

(23) a. ?Combien crois-tu qu'il a envoyé à Monique de lettres?
    b. ??Combien crois-tu qu'il a accordé à André pour lui permettre de se rétablir de jours de congé?

La même chose vaut pour le cas des adverbes dans l'enchâssée:

(24)   ?Combien veux-tu qu'il mette sur la table demain soir de chandeliers?

Ces phrases ne deviennent vraiment acceptables que lorsque l'élément *de NP* est particulièrement long; pour engendrer les phrases analogues et plus naturelles

(25) a. Combien crois-tu qu'il a envoyé de lettres à Monique?
    b. Combien crois-tu qu'il a accordé de jours de congé à André pour lui permettre de se rétablir?

(26)   Combien veux-tu qu'il mette de chandeliers sur la table demain soir?

il faut une règle supplémentaire réarrangeant les syntagmes - le contraire, pour ainsi dire, de la "permutation de longueur" (LONGUEUR P).[13] Pour

---

12. Rappelons l'intérêt de cette position, noté au paragraphe précédent

13. Pour la règle LONGUEUR P, v. Gross (1968)

une telle règle REARRANGE, il n'y a que le choix entre deux possibilités indésirables: ou elle redéplace *de NP* à gauche, et c'est elle à présent qui viole
la condition de non-insertion, ou bien elle monte les compléments de l'enchâssée
dans la phrase supérieure, ce qui est interdit si la condition sur les phrases
à temps fini [14] est correcte. Dans les deux cas, et indépendamment même des
contraintes générales en question, REARRANGE semble uniquement destinée à com-
penser l'effet de la postposition de *de NP*; je ne vois pas de justification
indépendante pour quelque version de la règle que ce soit. J'en conclus qu'aucun déplacement de *de NP* à droite, après WH-MOVE, ne peut éviter la violation
d'une contrainte, et qu'en plus les règles nécessaires semblent parfaitement
ad hoc. L'hypothèse du déplacement à gauche de *combien* tout seul est donc pré-
férable.

Passons à un troisième argument en faveur de cette hypothèse. Dans le cas de

    (27)   *Combien a-t-il osé de flics injurier?'

    (28)   Combien a-t-il osé injurier de flics?

elle explique l'inacceptabilité de (27) en face de (28). Tandis que (5) prédirait que la position de *de flics*, dans (27), est une position possible, cette
séquence occupe, dans la nouvelle analyse, au moment de la séparation par SCISS,
une position après *injurier*:

    (29)   il a osé injurier combien de flics

et le déplacement de *combien* ne peut donner que (28). D'une façon semblable,
SCISS rend compte du contraste entre (30) [15] et (31). (5) dériverait les deux
phrases de (32) et (33), respectivement:

    (30)   *Combien veut-il de pommes que je fasse manger à Georges?

    (31)   Combien as-tu averti de personnes que c'est dangereux?

    (32)   Combien de pommes veut-il que je fasse manger à Georges?

    (33)   Combien de personnes as-tu averties que c'est dangereux?

(30) n'est pas engendrable par SCISS, qui par contre dérive (34) de (35):

    (34)   Combien veut-il que je fasse manger de pommes à Georges?

    (35)   il veut que je fasse manger combien de pommes à Georges

---

14. Cf. Chomsky (1971)

15. Je dois cet exemple à R. Kayne

10

et (31) de (36):

(36)   tu as averti combien de personnes que c'est dangereux

Les exemples (30) - (36) montrent que GLISS DR, du fait de ne s'appliquer
qu'après WH-MOVE, ne peut tenir compte du niveau d'enchâssement d'où provient
le NP quantifié; c'est pourquoi elle ne peut distinguer (30) et (31).[16] SCISS
tient compte du niveau d'enchâssement en s'appliquant à un moment où le NP comportant *combien* n'est pas encore déplacé, et fait les prédictions correctes.
Je formule la règle provisoirement de la façon suivante:

(37)   SCISSION (facultative)

X V *combien* *de* NP Y
1   2   3   4   5   --> 3 1 2 ∅ 4 5

1.1.3. Je n'ai considéré jusqu'ici que des syntagmes nominaux non-prépositionnels,
et j'ai constaté que la position postverbale était pertinente pour l'application de SCISS. Naturellement, *combien* apparaît aussi dans les syntagmes
prépositionnels:

(38) a.   A combien de gens heureux s'est-il adressé?
     b.   Sur combien de personnes faut-il pouvoir compter?
     c.   Dans combien de voitures est-elle rentrée?
     d.   Par combien de députés est-il soutenu?
     e.   Contre combien de murs s'est-il cogné?

Avant l'application de SCISS, on a les structures suivantes:

(39) a.   il s'est adressé à combien de gens heureux
     b.   il faut pouvoir compter sur combien de personnes
     c.   elle est rentrée dans combien de voitures
     d.   il est soutenu par combien de députés
     e.   il s'est cogné contre combien de murs

SCISS, dans la formulation (37), ne peut pas s'appliquer à ces structures, *combien* étant séparé du verbe par une préposition. Considérons les phrases, pour
l'instant non engendrables, où il n'y a pas de pause entre le verbe et *de NP*:

---

16. Quant aux phrases considérées jusqu'ici, GLISS DR pourrait correctement ex-
    clure les cas inacceptables (à savoir (27) et (30)) si elle était préserva-
    trice de structure dans un cadre correspondant (cf. Emonds (1970)): ni *de
    flics* ni *de pommes* ne pourraient être placées dans les positions incorrec-
    tes. On verra cependant au § 2.6. qu'une telle règle ne peut avoir la pro-
    priété souhaitée.

(40) a.   ?A combien s'est-il adressé de gens heureux?
       b.   ??Sur combien faut-il pouvoir compter de personnes?
       c.   ??Dans combien est-elle rentrée de voitures?
       d.   ??Par combien est-il soutenu de députés?
       e.   *?Contre combien s'est-il cogné de murs?

Ces phrases, souvent rejetées de façon absolue, sont néanmoins acceptées par un certain nombre de locuteurs qui admettent pourtant qu'elles sont moins acceptables que (3) ou (7), par exemple. D'autre part, tous les locuteurs - même ceux qui acceptent (40) - rejettent comme absolument inacceptables les phrases

(41) a.   *A combien a-t-il proposé ce poste de chômeurs?
       b.   *Sur combien a-t-il écrit des articles de tribus sauvages?
       c.   *Dans combien as-tu fait entrer ton ami de pavillons?
       d.   *Avec combien échange-t-il des timbres de gens?
       e.   *Contre combien s'est-il cogné la tête de murs?

dans lesquelles interviendrait, non seulement la préposition, mais un NP entre le verbe et *combien*,[17] et auxquelles correspondent les phrases dérivées par WH-MOVEMENT, et parfaitement acceptables,

(42) a.   A combien de chômeurs a-t-il proposé ce poste?
       b.   Sur combien de tribus sauvages a-t-il écrit des articles?
       c.   Dans combien de pavillons as-tu fait entrer ton ami?
       d.   Avec combien de gens échange-t-il des timbres?
       e.   Contre combien de murs s'est-il cogné la tête?

Le cas le plus frappant est celui de la paire "minimale" (40e)-(41e). Les deux phrases ne se distinguent que par le NP *la tête*, mais le contraste entre elles est clair pour tous les sujets. La question se pose de savoir si les phrases (40) doivent être engendrables ou non, et si oui, par quel moyen.

    Passons d'abord à la deuxième question. Pour engendrer (40), tout en continuant à exclure (41), on peut penser à la modification suivante de (37):

(43)   SCISSION (facultative)

$$X \quad V \quad (P) \quad combien \quad de \; NP \quad Y$$
$$1 \quad 2 \qquad\qquad 3 \qquad\qquad 4 \quad 5 \qquad \longrightarrow \quad 3 \; 1 \; 2 \; \emptyset \; 4 \; 5 \quad {}^{18}$$

Il est en effet exclu de ne pas déplacer la préposition:

---

17. Je dois l'exemple (41e) à N. Ruwet

18. Quant aux phrases, non engendrables au moyen de (43),

    (c)   ?A combien a-t-il proposé de chômeurs ce poste?
                ??Sur combien a-t-il écrit de tribus sauvages des articles?

  cf. le § 4.1.

12

    (44) a.   *Combien s'est-il adressé à de gens heureux?
         b.   *Combien faut-il pouvoir compter sur de personnes?

On retrouve ce fait comme une propriété générale dans le cadre de WH-MOVE:

    (45) a.   *Quelle fille penses-tu à?
         b.   *Où faut-il passer par?
         c.   *Qui crois-tu qu'elle a voté pour?
         d.   *Quand cette loi existe-t-elle depuis?

cela même dans le cas des prépositions qui peuvent se trouver seules dans certains contextes:

    (46) a.   Tu veux aller au cinéma ou non? - Je suis plutôt pour.
         b.   On s'est quittés le premier mai 1899. Je ne l'ai pas revue depuis.

(cf. (45) c et d). Dans les phrases passives, la préposition ne peut pas être laissée derrière non plus:

    (47) a.   *Cette fille n'a jamais été parlée à.
         b.   *La caverne n'a été pénétrée dans pendant les trente dernières années.
         c.   *J'espère que cette loi ne sera jamais votée pour.

Ce fait n'est donc pas restreint aux constructions mettant en jeu des mots *wh*. Une raison supplémentaire de l'inacceptabilité de (44) pourrait se trouver dans une incompatibilité générale entre une préposition et *de NP* la suivant:

    (48) a.   Je n'ai pas vu de chevaux.
         b.   Jules a écrit plus de nouvelles que Juliette a peint d'aquarelles.
         c.   Plus on sera de personnes, et moins on aura de place.
    (49) a.   *Je ne m'intéresse pas à de chevaux mal nourris.
         b.   *Jules a écrit à plus de filles que Juliette n'a téléphoné à de garçons.
         c.   *Plus on compte sur de voisins, et plus on dépend d'eux.[19]

    Quant à la différence d'acceptabilité entre (3) et (38) d'une part et (40) d'autre part, elle pourrait être attribuée au déplacement particulier impliqué par (40). Dans la dérivation de (40), SCISS dans la formulation (43) transporte en effet deux éléments qui ne sont pas un constituant - cf. (50) -, tandis que dans les dérivations de (3) et (38), SCISS et WH-MOVE déplacent des constituants:

---

19. Cf. cependant

    (d)   Je ne m'intéresse pas à de si maigres chevaux.
            Jules a écrit à plus de jolies filles que Juliette n'a téléphoné à de beaux garçons.

(50)

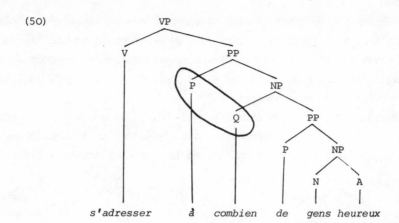

s'adresser   à   combien   de   gens heureux

En postulant une contrainte générale, formulée provisoirement et d'une façon non formelle, telle que

(51)   Seuls des constituants peuvent être affectés par une trans-
            formation de mouvement [20]

j'admets que les phrases (40) ont été dérivées par la règle (43) via une violation de cette contrainte. La règle (43) semble suffire telle quelle; la violation de la contrainte (51) aura l'effet que les phrases dérivées ainsi seront pourvues d'un moindre degré de grammaticalité que les phrases (3), dérivées par la même règle sans violation de la contrainte. Je tire de cette discussion la conclusion qu'il est possible de rendre compte d'une manière satisfaisante du statut des phrases (40) et qu'il est donc souhaitable de permettre, en principe, leur dérivation; or c'est ce que fait SCISS dans sa version (43).[21]

---

20. Une telle contrainte n'exclut pas que d'autres types de règles s'appliquent
    à des non-constituants. Il a été proposé en particulier que certaines règles
    d'effacement - à savoir celles qui effacent des variables - peuvent affecter
    des non-constituants; cf. Ross (1969), Hankamer (1973).

21. Je ne m'occupe ici ni de la question de savoir quelles sont les prépositions
    admises ni de la façon dont il faut rendre compte des différences d'acceptabi-
    lité entre, par exemple, (e) ("presque bon") d'un côté et (f) ("assez mau-
    vais") de l'autre:

    (e)   ?A combien a-t-elle souri de garçons?
    (f)   *?Contre combien a-t-il juré de femmes?

    Il n'y a pas, d'ailleurs, de différence claire entre à "datif" et à "pré-
    position" (pour cette distinction, v. Kayne (1969; 1975b)); cf. (e) et (i):

    (g)   Il pensera à elle / *Il lui pensera
    (h)   *Il sourira à elle / Il lui sourira

    (i)   ?A combien a-t-elle pensé de garçons?

14

1.1.4. La dérivation des phrases (40) développée dans le paragraphe précédent, et qui fait intervenir la version (43) de SCISS et la contrainte générale (51), n'est pas la seule imaginable. En examinant une alternative à cette
analyse - alternative qui sera rejetée -, je pourrai également préciser davantage le caractère de la contrainte (51).[22]

Les phrases (40) pourraient être dérivées sans déplacement d'un non-constituant au moyen d'une règle extraposant, avant l'application de WH-MOVE, *de NP*
hors du syntagme quantifié, [23] et opérant de la façon suivante:

(52)

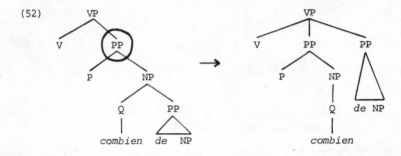

Notons que, si *de NP* ne montait que d'"un étage", de façon à rester dominé par
le PP entouré d'un cercle, la structure suivante résulterait de l'extraposition:

(53)

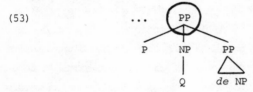

et SCISS devrait toujours déplacer un non-constituant. La séquence *de NP* doit
donc nécessairement sortir du PP entouré, du moins comme dans (52) (elle pourrait même être extraposée hors du VP, dont elle deviendrait un noeud "frère"
("sister node")). A la suite de l'extraposition, WH-MOVE antéposerait *P combien*,
dominé à présent exhaustivement par le PP; SCISS serait superflue.[24]

---

22. Une autre alternative sans déplacement d'un non-constituant consisterait à
    admettre l'antéposition séparée de la préposition et de *combien*. Un tel dé-
    placement de préposition semble complètement ad hoc.

23. Une extraposition de *de NP* ressemblant à celle que j'examine a été suggérée
    dans Fauconnier (1974:198)

24. On voit qu'une telle analyse serait en quelque sorte un hybride des hypo-
    thèses   GLISS DR et SCISS en ce qu'elle poserait un déplacement à droite pour
    de NP (ici, toutefois, à partir de la position postverbale) et un déplace-
    ment à gauche pour *combien* tout seul.

La question se pose immédiatement de savoir pourquoi une telle extraposition ne s'appliquerait qu'à des séquences *P combien de NP*, et non pas d'une
manière générale à tous les syntagmes comportant *combien*. Il est facile de voir
que dans ce dernier cas, l'extraposition de *de NP* serait une contrepartie de
SCISS, servant à séparer le quantifieur et le reste du syntagme, (*P*) *combien*
étant ensuite antéposé par WH-MOVE. Cette hypothèse semble plus naturelle que
sa version restreinte qui devrait s'écrire

(54)   P *combien de* NP X   --> 1 2 Ø 4 3
          1   2   3   4

Au lieu de (54), on aurait alors une SCISSION-EXTRAPOSITION du genre

(55)   *combien de* NP X   -->   1 Ø 3 2
          1   2   3

(je laisse de côté ici ce qui précède les termes *1*), déplaçant *de NP* hors du
NP quantifié, directement sous VP (ou plus loin; cf. la p. 14). Dans le cas de
P combien ..., SCISS-EX serait obligée, contrairement au cas de *combien ...*,
de violer la contrainte A-sur-A, en déplaçant un PP hors d'un PP supérieur.[25]
On pourrait proposer alors de relier à cette violation une différence de gram-
maticalité, expliquant ainsi le statut particulier des phrases (40).

On observe cependant que la violation du principe A-sur-A conduit en général, et sans exception, à des phrases entièrement inacceptables; cf. (57) en
face de (56), où le principe n'est pas violé:

(56) a.   De qui as-tu peint le portrait?
     b.   Voilà la femme dont il a peint le portrait.
     c.   Il en a peint le portrait.
     d.   C'est de cette femme-ci qu'il a peint le portrait.

(57) a.   *De qui s'est-il jeté sur le portrait?
     b.   *Voilà la femme dont il s'est jeté sur le portrait.
     c.   *Il s'en est jeté sur le portrait.
     d.   *C'est de cette femme-ci qu'il s'est jeté sur le portrait.

Dans (56), un syntagme *de NP* a été déplacé par différentes transformations de
mouvement - WH-MOVE, PLACEMENT DE CLITIQUE, FORMATION DE CLIVEE - hors du NP
dont il faisait partie. Dans (57), les mêmes règles ont déplacé le PP *de NP*
hors du PP *sur le portrait ...* ; le résultat est inacceptable.

Quant aux phrases (40), *de NP*, dans l'hypothèse SCISS-EX, aurait également

25. Pour cette contrainte, v. Chomsky (1971) et, en ce qui concerne le français
    en particulier et la catégorie PP, Kayne (1969;1975b).

été déplacé hors de PP. Cependant, contrairement à celles de (57), qui ne sont acceptables pour personne, les phrases de (40) ont un statut intermédiaire, ce qui rendrait inévitable la supposition arbitraire que la violation du principe A-sur-A conduit à l'inacceptabilité totale en général (cf. les autres cas d'une telle violation dans Kayne (1975b)), mais à une acceptabilité restreinte dans le cas de SCISS-EX.

Plus grave encore pour l'hypothèse SCISS-EX est le fait que, dans les structures analogues à (39) où le NP quantifié est un pronom - cf.

(58)   il s'est adressé à combien de PRO

- PLACEMENT DE CLITIQUE (CL-PL) [26] devient applicable après l'application de SCISS-EX (qui fournit (59)) et donnerait, parallèlement à (40), (60):

(59)   il s'est adressé $_{PP}$[à combien] $_{PP}$[de PRO]

(60) a.   *A combien s'en est-il adressé?
     b.   *Sur combien faut-il pouvoir en compter?
     c.   *Dans combien en est-elle rentrée?
     d.   *Par combien en est-il soutenu?
     e.   *Contre combien s'en est-il cogné?

L'application de CL-PL ne viole pas ici le principe A-sur-A (que l'application préalable de SCISS-EX a violé). Les phrases (60) sont néanmoins inacceptables même pour les locuteurs qui acceptent (40). La différence entre les deux types de phrases devient alors mystérieuse, car l'hypothèse SCISS-EX prédit que (40) et (60) ont le même statut de grammaticalité; leur différence d'acceptabilité ne semble découler de rien (notons que le problème est le même pour la version (55) de SCISS-EX que pour la version "restreinte" (54)). On verra plus loin que les faits de (40) en face de ceux de (60) sont correctement prédits par l'hypothèse SCISS, et j'abandonne SCISS-EX comme étant inférieure à SCISS. SCISS est en accord avec l'observation que la violation de la contrainte A-sur-A conduit sans exception à l'inacceptabilité totale; contrairement à A-sur-A, la contrainte (51) concernant les déplacements de non-constituants n'a pas ce caractère absolu. [27]

1.1.5. Comme on l'a vu, SCISS s'applique, dans la version (43), et conformément aux précisions concernant les non-constituants, aussi bien à des PP qu'à

---

26. Cette règle est obligatoire; cf. Kayne (1975b).

27. Cette conclusion présuppose que *P combien* n'est pas un PP dans (50), ce qui semble plausible, étant donné que *combien* n'y est pas un NP.

des NP, ce qui la rapproche une fois de plus de WH-MOVE. On n'a cependant vu jusqu'ici que le cas des compléments de verbes (syntagmes supposés entrer dans VP). Les syntagmes quantifiés peuvent se trouver à l'extérieur de VP, comme dans

(61) a.   il a voyagé pendant combien de semaines
     b.   il a disparu pour combien de raisons
     c.   il y a de l'argent dans combien de tiroirs
     d.   l'incendie s'est déclaré dans combien d'endroits

L'application de WH-MOVE conduit aux phrases (62), qui sont bonnes:

(62) a.   Pendant combien de semaines a-t-il voyagé?
     b.   Pour combien de raisons a-t-il disparu?
     c.   Dans combien de tiroirs y a-t-il de l'argent?
     d.   Dans combien d'endroits l'incendie s'est-il déclaré?

Avec SCISS, on obtient

(63) a.   *?Pendant combien a-t-il voyagé de semaines?
     b.   *Pour combien a-t-il disparu de raisons?
     c.   *(De l'argent,) dans combien y en a-t-il de tiroirs?
     d.   *?(L'incendie,) dans combien s'est-il déclaré d'endroits?

Ces phrases sont rejetées même par les locuteurs qui acceptent le quantifieur isolé dans (40). Etant donné le contraste entre (40) et (63), il pourrait sembler que l'inacceptabilité résulte de ce que les syntagmes en question ne sont pas dominés par le noeud VP. Il serait possible de ne pas les engendrer si on reformulait SCISS (43) - qui jusqu'ici les dérive de la même manière que (40) - en y faisant figurer VP:[28]

(64) a. X $_{VP}[$ V (P) *combien* *de* NP Y] Z
            1   2   3   4   5   6
     --> 3 1   2   Ø   4   5   6

Les exemples suivants montrent cependant que cette version est incorrecte:

(65) a.   Combien est-elle passée de fois?
     b.   Combien voulez-vous travailler de jours par semaine?

peuvent être dérivées de

(66) a.   elle est passée combien de fois
     b.   vous voulez travailler combien de jours par semaine

par les formulations (37) et (43) de SCISS, mais non par (64). Il semble que dans le cas des NP, SCISS peut s'appliquer indépendamment de leur position par rapport au noeud VP, qu'il s'agisse du sujet extraposé, d'un complément

---

28. Il n'existe apparemment pas de règle mentionnant VP, ce qui rend (64) douteux a priori

18

non-prépositionnel (cf. les "pseudo-objets", non passivables, dans

> (67) a. Combien pèse-t-il de kilos?
> b. Combien le concert va-t-il durer d'heures?
> c. Combien a-t-il dormi d'heures cette nuit?)

ou d'un adverbial (cf. (65)). En ce qui concerne les PP, les possibilités d'application de SCISS dépendent apparemment du degré de "cohésion" entre le verbe et le complément.[29] Je n'essaierai pas ici de définir cette cohésion, ni de dire si elle est "plutôt syntaxique ou sémantique". Pour tenir compte du statut des phrases (63), j'ajoute provisoirement une condition non formelle et non explicite à la formulation de SCISS:

> (68) SCISSION (facultative)
>
> X V (P) *combien de* NP Y
> 1 2 3 4 5 $\longrightarrow$ 3 1 2 $\emptyset$ 4 5
>
> Condition: Il y a cohésion entre V et le syntagme prépositionnel quantifié.

1.1.6. Dans tous les cas considérés jusqu'à maintenant, à une exception près, le syntagme quantifié subissant SCISS suivait immédiatement le verbe; dans le cas de l'exception - (41) - le fait de séparer le quantifieur de *de NP* donnait un résultat inacceptable. La question se pose de savoir si la contiguïté du verbe et du syntagme contenant *combien* est essentielle pour la bonne application de SCISS ou non; comme l'ont montré les phrases (42), ce n'est pas le cas pour WH-MOVE. Est-ce qu'une variable peut ou doit intervenir entre les termes 2 et 3 de (68)? Pour un cas frappant, considérons les structures

> (69) a. elle a pensé - à Julien - combien de fois
> b. il est allé - en Autriche - combien de fois

La présence d'une variable entre 2 et 3 permettrait:

> (70) a. *Combien a-t-elle pensé à Julien de fois?
> b. *Combien est-il allé en Autriche de fois?

(ces phrases ne sont pas dérivables au moyen de (68)). Mais les phrases (71) sont bonnes:

> (71) a. Combien a-t-elle pensé de fois à Julien?
> b. Combien est-il allé de fois en Autriche?

Le contraste entre (70) et (71) semble indiquer qu'une variable après V n'est pas souhaitable dans (68). SCISS s'applique par contre à *combien de fois* dans

---

29. Pour un autre cas impliquant "cohésion", v. Kayne (1972:73s.).

dans des structures telles que

(72) a.   elle a pensé - combien de fois - à Julien
     b.   il est allé - combien de fois - en Autriche   30

Ces structures ne peuvent résulter de l'application de WH-MOVE, qui déplace les
éléments *wh* en position initiale de phrase; il n'est a priori même pas sûr que
ce soit *combien de fois* qui a été déplacé. Quoiqu'il en soit, ce changement
seulement permet apparemment l'application de SCISS. Quant à la position immédiatement postverbale de *combien de fois*, elle n'est pas propre à cette ex-
pression; on y trouve tous les syntagmes du type *X fois*:

(73)   Elle a pensé { quatorze
                         plusieurs   } fois à Julien.
                         un grand
                           nombre de

de même que d'autres adverbiaux:

(74)   Elle a pensé très souvent à Julien.

1.1.7. Je retiens donc pour l'instant la formulation (68) de SCISS. Elle rend
compte du fait que tout NP du type *combien de NP* peut être soumis au déplacement du quantifieur à condition de de trouver directement après le verbe; elle
explique, en particulier, la différence entre (70) et (71) à condition que
l'adverbial soit contigu au verbe au moment de l'application de la règle.
Elle prévoit un déplacement de non-constituants pour le cas des PP, auquel
peut être attribué le degré réduit d'acceptabilité des phrases ainsi dérivées.
Une question importante laissée en suspens est celle de la condition de "cohésion" pour les PP; notons cependant qu'elle n'est pas caractéristique de l'hypothèse SCISS seulement - le problème se poserait à nouveau dans l'hypothèse
rejetée GLISS DR. Autrement dit, la condition semble indépendante de la forme
de la règle qui paraît correcte pour l'essentiel.

    Une autre question reste ouverte, celle du rapport entre SCISS et WH-MOVE.
Bien que plusieurs ressemblances importantes aient été notées entre les deux
règles, il n'est pas encore clair comment un peut intégrer SCISS dans la règle
beaucoup plus générale WH-MOVE, ce qui paraît souhaitable. En particulier, la

---

30. Quant aux phrases dérivées de structures du type

    (j)   elle a vu - combien de fois - ma tante

    v. le § 2.6.

20

question de la contiguïté de V et du syntagme *(P) combien de NP* reste à éluci-
der. Je retournerai au problème du rapport entre SCISS et WH-MOVE au § 4.

1.2. La règle de déplacement à droite

1.2.0. Je reviendrai dans cette partie sur certains jugements concernant les
phrases, données au § 1.1.1., dans lesquelles *combien de NP* est le sujet. Bien
que ces jugements aient servi - comme d'autres arguments - à justifier l'analyse que j'y propose, le fait de les nuancer ici ne remet pas l'analyse en
question; il permettra au contraire de mieux comprendre le comportement syntaxique des NP contenant *combien.*

1.2.1. J'ai caractérisé, plus haut, comme inacceptables les phrases

    (10) a. *?Combien ont rouspété d'amis?
         b. *?Combien ressemblent de femmes à Solange?
         c. *?Combien attendent de clients depuis plus de deux heures?
         d. *?Combien ont appareillé de sous-marins dans la Mer de la
              Tranquillité?

Bien que ce jugement soit très net chez une partie des locuteurs, certains
acceptent des phrases de ce type, telles que [31]

    (75) a.   Combien se sont évadés de prisonniers?
         b.   Combien sont arrivés de réfugiés hier?
         c.   Combien sont attendus de spectateurs au match? [32]

---

31. Analysant le comportement de ces informateurs, je donne ici leurs jugements
d'acceptabilité, pour pouvoir rendre les variations dans ces jugements sur
les phrases qui suivent (et qui sont généralement refusées par ceux qui rejettent (75)).

32. En travaillant sur ce type de phrases, j'ai constaté chez certains des locuteurs qui acceptent (75) une contrainte sémantique concernant le NP séparé du quantifieur. J'appellerai cette contrainte "interprétation distributive". Elle exige que chaque élément de la quantité en question soit con-
cerné, *individuellement*, par l'"action verbale". Ainsi, on refuse (1) qui
"voudrait dire que chaque franc correspondrait à 100 deutschemarks", ce
qui entraîne une contradiction avec le sens évident:

    (k)   Combien de francs belges correspondent à cent deutschemarks?
    (1)   *?Combien correspondent de francs belges à cent deutschemarks?

R. Kayne a eu l'idée de vérifier si la situation était pareille dans le cas
de SCISS et proposé (n) où l'interprétation distributive est également exclue; en effet, les mêmes locuteurs refusaient (n) et (1):

    (m)   Combien de pièces d'or a-t-il fondu en un grand lingot?
    (n)   *?Combien a-t-il fondu de pièces d'or en un grand lingot?

Les mêmes phrases sont acceptées en subordonnées:

(76) a.   A-t-on déjà annoncé combien se sont évadés de prisonniers?
    b.   On ne sait pas encore combien sont arrivés de réfugiés hier
    c.   Devine combien sont attendus de spectateurs!

Non seulement ces phrases ne peuvent pas être engendrées au moyen de SCISS; elles ont de plus servi d'exemples de phrases qu'il fallait exclure. Comme on a pu le voir, ce traitement était justifié pour plusieurs raisons; il n'est pas question de l'abandonner à cause des seuls jugements divergents au sujet de (10) et (75). Je pars plutôt de l'hypothèse que ces phrases résultent de l'intervention d'une autre règle que celle étudiée dans le § 1.1.

1.2.2. Les phrases de (75) suggèrent immédiatement une analyse dans laquelle, contrairement à celle de SCISS, et à partir d'un syntagme *combien de NP* se trouvant en position initiale de phrase, *de NP* est déplacé à droite. Comme SCISS,[33] la postposition à partir de *combien de NP* (COMB-POST) s'applique après PASSIF (cf. (75c)). Etant donné la position de *de NP* par rapport à *hier* et *au match*, dans (75), ces phrases seraient le résultat de l'application de

(77)   *combien de* NP VP X
             1   2   3   4   -->   1 $\emptyset$ 3 2 4 [34]

Cette formulation prédirait cependant que les phrases suivantes sont bonnes:

(78) a.   ??Combien sont tombées dans l'embuscade de patrouilles?
    b.   ??Combien se sont intéressés au débat de députés?
    c.   ??Combien ont couru après Nadine de garçons?
    d.   ??Combien démissionneront de leur poste de maires?

et de même, si l'adverbe de manière est dominé par VP:

Comme l'analyse adoptée ici postule en particulier que *combien* quantifiant des NP n'apparaît pas isolé en structure profonde, mais qu'il peut être isolé transformationnellement au cours de la dérivation (v. le § 3.5.), l'interprétation distributive doit être traitée par un mécanisme opérant sur des structures de surface. - C'est sans doute là aussi que doivent être exclues, pour ceux qui les rejettent, les phrases du type (13). A noter qu'il ne semble pas possible de relier le caractère douteux de (13) à

(o)   *Quelles bouteilles a-t-il été cassé?

(qui est généralement rejetée), où le caractère +déf de *quel NP* semble en jeu; cela à cause du contraste

(p)   il a été cassé trois/plusieurs/combien de/*quelles bouteilles

33. Cf. la phrase (11).

34. Cf. la note 28.

(79) a. ??Combien ont réussi sans difficulté de candidats?
     b. ??Combien vivent modestement de maharajahs?

La séquence postposée ne se retrouve donc pas après VP, mais plutôt après V, ce qui suggère la modification suivante de (77):

(80)   COMB-POST (facultative)

         combien   de NP   V   *X*
            1   2   3   4   -->   1 Ø 3 2 4

Reformulée ainsi, la règle donne, au lieu de (78) et (79),

(81) a. ?Combien sont tombées de patrouilles dans l'embuscade?
     b. ?Combien se sont intéressés de députés au débat?
     c. ?Combien ont couru de garçons après Nadine?
     d. ?Combien démissionneront de maires de leur poste?

(82) a. ?Combien ont réussi de candidats sans difficulté?
     b. ?Combien vivent de maharajahs modestement?

Ces phrases sont meilleures que (78) et (79) et ressenties comme acceptables par certains locuteurs; celles du type (78) et (79) deviennent plus acceptables lorsque la longueur du NP final augmente:

(83) a. ?Combien démissionneront de leur poste de maires de la
            majorité actuelle?
     b. ?Combien ont réussi sans difficulté de candidats prévenus
            des conséquences immédiates d'un échec?

Les phrases du type (75)/(76) restent néanmoins, pour ceux qui les acceptent, les seules à être acceptables sans restriction.

1.2.3. Le déplacement de *de NP* ressemble dans une certaine mesure à l'opération qui place, dans les interrogatives, le sujet en position finale:

(84) a. Quand sera nommé le nouvel ambassadeur?
     b. Pour quelle raison ont été refusés ces candidats?
     c. Où mangeront ces gens?
     d. A quel moment a été volé l'attaché-case du secrétaire d'état?

Kayne (1972:76) formule la règle ainsi:

(85)   STYL-INV
         $_S[{}^A_{+WH}$ NP X] --> $_S[{}^A_{+WH}$ X NP] [35]

Comme COMB-POST (cf. (76)), cette règle facultative peut s'appliquer dans les enchâssées:

---

35. Je laisse de côté ici la question, non pertinente dans ce contexte, de la
    présence éventuelle du complémenteur *que*. Cf. à ce sujet le chap. II, § 5.5.

(86)   Le porte-parole n'a pas pu préciser quand sera nommé le
            nouvel ambassadeur.

STYL-INV a également en commun avec COMB-POST le fait que les phrases résultant
de son application sont toujours bonnes lorsque le VP consiste en un verbe seul,
et que l'acceptabilité est réduite par l'introduction de compléments dans VP.[36]
Troisièmement, le sujet permuté se trouve après le verbe, mais avant les éléments qui sont extérieurs au VP : [37]

(87) a.   Où est allé votre ami pour trouver la paix? [38]
     b.   A quoi s'intéressait cette personne en 1968?

(cf. (75) b et c). Quatrièmement, la longueur du sujet déplacé peut influencer
l'acceptabilité :

(88) a.   ?Depuis quand raffole du jazz free ton voisin?
     b.   Depuis quand raffole du jazz free ton voisin qui autrefois
            n'aimait que les marches militaires?

Comme il s'agit dans les deux cas d'un déplacement déclenché par la présence
d'éléments *wh*, la question se pose de savoir si COMB-POST ne pourrait pas simplement être identifiée avec STYL-INV. Etant donné que STYL-INV déplace le sujet
à condition qu'il ne soit pas lui-même l'élément *wh* initial,[39] la règle pourrait
s'appliquer à la séquence *combien de prisonniers*, dans la structure sous-jacente
de (75a), si

(89)   *combien* = $\begin{matrix} A \\ +WH \end{matrix}$ *de prisonniers* = NP

            où "=" signifie "est analysable comme sous-séquence ...
                de la condition structurale"

Une telle analyse permettrait de rapprocher l'un de l'autre, les deux types de
phrases, et de les traiter éventuellement au moyen d'une seule règle. L'analyse
postule un certain degré d'indépendance entre les deux parties du syntagme
combien de NP qui pourrait se manifester ailleurs.[40]
    Un tel cas existe en effet. Comme Kayne (1972:124) le remarque, certains

---

36. Parmi les mots *wh*, un seul ne permet que difficilement l'inversion stylis-
    tique, *pourquoi*. Cf. Kayne (1972:113) et Cornulier (1974).

37. Cette propriété n'est pas exprimée dans la formulation (85).

38. Exemples de Kayne (1972)

39. Cf.

    (q)   *Qui a-t-il sorti la bouteille du frigo?
               *Quelle personne en est-elle responsable?

40. Indépendance à l'intérieur de la suite linéaire *combien de NP*.

24

locuteurs acceptent des phrases telles que [41]

(90)   ?Combien de familles françaises ont-elles plus de deux
         voitures?

à côté des phrases "normales" du type

(91)   Combien de familles françaises ont plus de deux voitures?

tout en refusant

(92)   *Qui vous a-t-il tellement énervé? [42]

L'apparition et l'inversion du pronom clitique sujet dans (90) s'expliquent,
note Kayne, dans le cadre de la règle SUBJ-CL-INV, si la description structurale de celle-ci est satisfaite par (90):

(93)   SUBJ-CL-INV (obligatoire)
         X_{+Q} $_{NP}[$ Y SCL $]$ V   --> X_{+Q} $_{NP}[$ Y $]$ V+SCL

c'est-à-dire si

(94) $combien = X_{+Q}$ $de\ familles\ françaises = NP$

(90) est donc le genre de faits auquel on pouvait s'attendre si l'analyse de
combien de prisonniers était correcte, et l'analyse selon (94) un nouvel élément de ressemblance entre COMB-POST et STYL-INV. [43]

1.2.4. Les ressemblances que je viens de noter suggèrent une comparaison dé-
taillée de COMB-POST et STYL-INV. Pour l'instant, je signalerai une autre ressemblance, avant de passer à une différence très nette. [44]

---

41. Kayne donne la phrase avec *??*.

42. Et les phrases de la note 39.

43. Je montrerai plus loin, au § 3., comment les analyses (89) et (94) sont possibles. Que ce ne soit pas seulement la séparabilité de *combien* qui est en
jeu, mais bien son caractère interrogatif, est confirmé par

(r)   *Beaucoup sont venues de filles.
        *Pas mal étaient-elles jolies.

(*beaucoup* et *pas mal* sont également séparables; cf. le § 1.3.). Peut-être
l'analyse doit être généralisée aux phrases du type

(s)   ?Quels pays en voie de développement ont-ils eu la possibilité
        d'user de l'aide économique comme ils l'entendaient?

Il se pourrait que la longueur du sujet joue un rôle, ou encore sa structure interne; je laisse la question ouverte.

44. La comparaison sera poursuivie dans les §§ 2. et 3.

COMB-POST semble permettre le placement de l'élément postposé à l'intérieur de VP, ou de toute façon avant un complément qui en fait normalement partie (cf. (81) et (82)). Or, malgré le fait que STYL-INV ne peut en général pas placer le sujet à l'intérieur de VP (cf. Kayne (1972:71ss.)), cette position est souvent acceptée dans le cas de *quand*:

(95) a. ?Quand parlera la comtesse au métayer?
     b. ?Quand sortira Oscar de son monde imaginaire?
     c. ?Quand s'est servi ton frère de ma mobylette?

et d'une façon générale dans le cas de *que*:

(96) a. Qu'a trouvé la comtesse au métayer?
     b. Que dirait Ballarin d'une telle proposition?

(cf. Kayne (1972:73)). Pourquoi cette possibilité existe pour *quand* et *que* ne m'est pas clair; elle est toutefois la même pour *combien* et dépend en partie du type de complément postverbal. Ainsi la position après le verbe est exclue dans le cas des compléments adjectivaux, et *(de) NP* ne peut même pas s'y placer lorsque ceux-ci sont longs; seule la position finale est possible:

(97) a. *Quand est devenu ce chirurgien si célèbre qu'on ne voyait plus que lui à la télé?
     b. *Combien sont devenus de biens de consommation totalement inaccessibles?

(98) a. Quand est devenu célèbre ce chirurgien?
     b. Combien sont devenus inaccessibles de biens de consommation?

Face à cette ressemblance, on constate la différence suivante: tandis que STYL-INV n'impose apparemment aucune restriction sur le choix des verbes, la qualité des phrases dérivées au moyen de COMB-POST dépend, d'une façon que je n'ai pas encore comprise, de certains caractères des verbes en question. Ceux qui ont *être* pour auxiliaire donnent généralement des résultats plutôt acceptables (ainsi les phrases (75) sont meilleures, pour les locuteurs qui les acceptent, que les phrases (10)); d'autre part, le passif est souvent possible (cf. (12) qui est souvent jugée meilleure que (10)), de même que le *se* "moyen":

(99)   Combien se vendent de billets par jour?

Cette situation rappelle l'une des restrictions sur la règle EXTRAPOSITION DE NP [45] (la plupart des "bons" verbes se conjuguent avec *être*, le passif et le *se* moyen sont possibles):[46]

---

45. La "transformation impersonnelle" de Gaatone (1970) et Martin (1970), et EXTRAPOSITION D'INDEFINI de Ruwet (1975b).
46. Quant au rôle de *être* (également dans le cas du passif), v. Martin (1970).

(100) a.   Il est venu quelqu'un.

      b.   Il m'est arrivé $\left\{ \begin{array}{l} \text{une drôle de chose} \\ \text{ceci: ...} \end{array} \right\}$

      c.   Il est tombé de la neige.

      d.   Il a été mangé pas mal de kadin budu köfte.

      e.   Il se fabrique trop de camelote.

(101) a.   *?Il a éternué quelqu'un.

      b.   *?Il a travaillé trois plombiers ici.[47]

      c.   *Il a chanté deux frères de Paulette.

      d.   *Il a plu pas mal de chapeaux à Simon.[48]

Il est cependant peu probable que cette restriction, et peut-être d'autres qui sont en jeu, soient exactement les mêmes dans les deux cas; les phrases (102), par exemple, sont jugées meilleures - par les locuteurs acceptant la construction postposée - que leurs analogues dans (101):

(102) a.   ?Combien ont travaillé de plombiers ici?

      b.   ??Combien ont plu de chapeaux à Simon?

Une étude des verbes sous l'aspect de leur compatibilité avec les deux constructions n'est pas mon but ici; en tout cas, la ressemblance me semble remarquable, et elle rapproche COMB-POST, sur ce point précis, de NP-EXTRAP, et non de STYL-INV. On aura remarqué que SCISS n'est pas soumise non plus au genre de restriction qu'on vient de voir,[49] ce qui pourrait être un indice de plus pour l'hypothèse que deux règles interviennent dans le phénomène du *combien* isolé. Il n'est cependant pas sûr que cette différence suffise pour établir le caractère distinct de SCISS et de COMB-POST; du moins; à l'inverse, la validité éventuelle de la restriction pour COMB-POST et NP-EXTRAP ne peut établir qu'elles ne constituent qu'une seule règle: on verra au § 2.6. que, malgré le fait qu'elles déplacent toutes deux des NP sujets à droite, il s'agit de deux règles distinctes.

---

47. Cf. Ruwet (1972:166s., n.18).

48. Cf. cependant

    (t)   Il a manqué trois élèves.

            Il a disparu plus de sept cents sucettes.

            Il a surgi d'autres correspondances entre la matière phonique et l'idée (Saussure, cité par Gaatone (1970:390))

et les cas sans *avoir* ouvert:

    (u)   Il débarquait à Ostie une divinité par semaine.

            Il plane sur elle une horrible malédiction.

    (v)   Il converge beaucoup de routes ici. (Boons ... 1973:141)

            Il chôme beaucoup de gens (dans ce pays). (Boons ... 1973: 189)

49. Cf. cependant la note 32.

1.3.   Séparabilité et contraintes générales

1.3.1. En essayant de motiver l'hypothèse des deux règles, je me suis surtout
attaché à donner une première description des comportements syntaxiques observés. Prenant le phénomène de discontinuité du quantifieur et du NP quantifié
comme base de départ, je n'ai en particulier pas tenté de répondre à la question de savoir pourquoi cette discontinuité est possible. On constate en effet
qu'il n'existe rien de directement comparable dans la syntaxe des éléments analogues ni en anglais, par exemple, ni en allemand:

(103) a. *How many did she send letters to you? 50
      b. *How did she send many letters to you?

(104) a. *Wie viele hat sie dir Briefe geschickt?
      b. *Wie hat sie dir viele Briefe geschickt?

sont impossibles comme analogues de

(105)   How many letters did she send to you?

(106)   Wie viele Briefe hat sie dir geschickt?

          'Combien de lettres t'a-t-elle envoyées?'

Une explication de cette différence - qui dépasse le cadre fixé à cette étude,
et à propos de laquelle je ne ferai ici que formuler des suggestions de recher-
che ultérieure - pourrait mettre en jeu la structure des quantifieurs en français, à laquelle seraient dues certaines possibilités de déplacement 51 (cf.

---

50. *How many* peut apparaître séparément du NP dans des phrases telles que

    (w)   How many are left of those old containers?

    Cette construction est à rapprocher, plutôt que de (103), de (x), comme le
    note Bresnan (1975:84) (les exemples (w) et (x) sont les siens):

    (x)   Not many are left of those old containers.

    Tandis que la présence de la préposition pourrait être significative (cf.
    la note 52), le caractère *wh* de *how (many)* n'est donc pas en jeu ici.

51. Cf. la discontinuité du quantifieur et du NP dans (y) en face de (z):

    (y)   Pierre y a pas mal rencontré de gens.
              On a beaucoup vu d'articles à ce sujet.
              Elle a tellement lu de policiers qu'elle se sent constam-
              ment en danger.
              Charlotte a peu mangé de cerises.

    (z)   *On a quelques vu articles à ce sujet.

    (cf. au sujet de la différence entre (y) et (z) le § 1.3.2.). Le parallé-
    lisme entre les quantifieurs de (y) et *combien* n'est cependant pas parfait:

    (aa)   Il a beaucoup acheté de livres.
              *Il a combien acheté de livres?
              Il a acheté combien de livres?

28

également la note 52 pour le rôle éventuel de la préposition *de*). D'autre
part, le phénomène pourrait ne pas être restreint, ni aux quantifieurs, ni au
français,[52] ce qui devrait conduire à reconsidérer, sur la base des faits d'au-

---

(ab) Combien est-il arrivé de jours après Amundsen?
*Il est peu arrivé de jours après Amundsen.
Il est arrivé peu de jours après Amundsen.

Pour d'autres différences entre *combien* et les autres quantifieurs, v. le
§ 3.5.2.

52. *Was für ein* ('quel genre de') présente en allemand un parallélisme remarquable avec *combien*:

(ac) Was für ein Werkzeug sucht er?
Was sucht er für ein Werkzeug?
'Quel (genre d') outil cherche-t-il?'

(ad) Mit was für einem Werkzeug arbeitet er?
*?Mit was arbeitet er für einem Werkzeug?
'Avec quel (genre d') outil travaille-t-il?'

(ae) Was für ein Gemälde ist gestohlen worden?
?Was ist für ein Gemälde gestohlen worden?
'Quel genre de peinture a été volé?'

(af) Was glaubst du, daß er für ein Werkzeug sucht?
*?Mit was glaubst du, daß er für einem Werkzeug arbeitet?
?Was glaubst du, daß für ein Gemälde gestohlen worden ist?
' ... quel (genre de) ... crois-tu que ... ?'

La discontinuité est impossible dans le cas de *welch*, sémantiquement proche:

(ag) Welches Werkzeug sucht er?
*Welches sucht er Werkzeug?
'Quel outil cherche-t-il?'

ce qui suggère que la séparabilité de *was* dans (ac)-(af) est due à la présence de la préposition *für*, l'élément *ein* ne jouant pas de rôle:

(ah) Welch ein Werkzeug sucht er?
Welch sucht er ein Werkzeug?
(à peu près synonyme de (ac))

L'impossibilité de (aj) pourrait alors être significative:

(ai) Quel outil cherche-t-il?
*Quel cherche-t-il outil?

le contraste entre (ai) et les cas de *combien* isolé étant attribuablesà
l'absence vs. la présence d'une préposition.
Un cas particulièrement intéressant de séparabilité d'un quantifieur *wh*
est relevé par Grosu (1974:315). *Cît* 'combien' en roumain précède directement
des NP et n'est pas séparable d'eux; il est suivi de la préposition *de* devant
des adjectifs et est séparable dans ce cas. Le synonyme *ce*, qui précède directement des adjectifs, n'est pas séparable. D'autres exemples de Grosu
pourraient cependant mettre une telle analyse en doute; les données - que
Grosu a rassemblées sous un aspect légèrement différent du mien - restent
à compléter. Quant à l'hypothèse du rôle de la préposition, il va de soi
que les remarques qui précèdent ne font qu'exprimer un soupçon.

tres langues, la contrainte de Ross sur les "branches de gauche".[53]

1.3.2. Une approche, dans le sens de cette contrainte, au problème des éléments introducteurs de NP dont je viens de parler a été esquissée dans Kayne
(1975b:28ss.). Evoquant le fait que *peu, assez, beaucoup,* etc. apparaissent
également comme adverbes - cf.

$$(107) \quad \text{Charlotte a} \left\{ \begin{array}{l} \text{peu dormi} \\ \text{assez parlé} \\ \text{beaucoup rigolé} \\ \text{pas mal barbouillé les murs} \end{array} \right\}$$

- Kayne observe qu'on pourrait admettre que ces quantifieurs ont leur origine
dans cette position également dans les phrases

$$(108) \quad \text{Charlotte a} \left\{ \begin{array}{l} \text{peu trouvé de girolles} \\ \text{assez accepté d'invitations} \\ \text{beaucoup raconté d'histoires} \\ \text{pas mal attiré de moustiques} \end{array} \right\}$$

au lieu d'avoir été extraits d'une configuration $_{NP}$[Q *de* NP]. Dans ce cas,
il serait possible de postuler une condition très générale en français et interdisant l'extraction vers la gauche d'éléments prénominaux. *Combien* isolé
n'aurait pas non plus son origine dans le NP, à la place de *Q*; il aurait été
engendré en tant qu'adverbe comme dans la structure sous-jacente de

(109) Je ne peux dire combien je souffre.
       Tu imagines difficilement combien elle aime les cornichons!

et aurait été antéposé normalement par WH-MOVE. Un mécanisme non basique serait
nécessaire pour déterminer les restrictions de cooccurrence entre les NP objets
sans article, introduits par *de*,[54] et l'adverbe; ce mécanisme s'appliquerait

---

53. Ross (1967) considère *how* et ses équivalents comme des NP; sa "Left Branch
    Condition" -
    "No NP which is the leftmost constituent of a larger NP can be reordered
    out of this NP by a transformational rule."
    - a besoin de cette catégorie. Il propose d'autre part de relier la sépara-
    bilité des éléments de gauche à l'existence d'une règle de "brouillage"
    ("scrambling") qui est censée rendre compte de l'ordre libre des mots dans
    des langues "highly inflected" comme le latin ou le russe; quant au fran-
    çais, il admet - incorrectement en ce qui concerne *combien* - que la LBC y
    est en vigueur. - La validité et le caractère unitaire de la condition sont
    mis en doute dans Grosu (1974). Cf. également Bresnan (1975).

54. Les PP analogues sont impossibles; cf.

    (ak)   *Elle a trop parlé à de gens.

    et les exemples (44) et (49).

après PASSIF, pour exclure (110) de la même manière que (111) :

    (110) a.   *De murs ont été assez barbouillés.
           b.   *D'histoires ont été beaucoup racontées.

    (111)   *De livres sont pas mal sur la table.

L'impossibilité de ces NP en position de sujet étant plus générale - cf.

    (112)   On n'a pas trouvé de traces.

    (113)   *De traces n'ont pas été trouvées.

- le mécanisme en question servirait à exprimer cette généralité tout en permettant la contrainte, très générale aussi (englobant *quel*, *tout* notamment),
qui interdit l'extraction des éléments prénominaux. Il est clair qu'une telle
analyse contredirait d'une façon cruciale l'analyse que je viens de proposer,
et selon laquelle *combien* quantifieur de NP est toujours engendré dans le NP
lui-même, dont il peut être extrait par la règle facultative SCISS. Il me semble que l'hypothèse "adverbialiste" doit être rejetée, pour des raisons qui ne
peuvent être pleinement explicitées que plus tard, et que je donnerai au §
3.5.2.

2.   Prohibition d'insertion, cyclicité stricte et une transformation pré-
       servatrice de structure: une alternative apparente à l'hypothèse des
       deux règles

2.0.   Cette section présente une alternative apparente à l'hypothèse des deux
règles et montre que cette alternative - une seule règle de déplacement à droite
- doit être rejetée. La raison en est que les propriétés requises pour exclure
certaines phrases inacceptables sont doublement inadéquates, à la fois trop puis-
santes et trop faibles. En même temps, il sera montré que COMB-POST n'est pas
une règle préservatrice de structure.

2.1.   Les arguments donnés au § 1.1. en faveur d'une règle déplaçant *combien*
tout seul à gauche comprenaient notamment la contrainte de prohibition d'insertion, à laquelle semblait devoir se heurter, dans le cas d'enchâssements, toute
analyse contraire déplaçant *de NP* à droite à partir de la position initiale de
phrase.[55] Or, comme Lisa Selkirk me l'a fait remarquer, il est a priori possi-

––––––––––

55. Cf. Chomsky (1971;1973:234) :

    " ... the Insertion Prohibition suggested in Chomsky (1965), which pre-
    vents transformations from inserting morphological material into sen-

ble d'admettre le déplacement à droite tout en évitant la violation du principe interdisant l'insertion dans des phrases inférieures, à condition d'admettre que WH-MOVE est une règle cyclique, opérant par étapes successives, et qu'elle est suivie d'une règle, également cyclique, et extraposant *de NP* facultativement. L'hypothèse de la cyclicité de WH-MOVE est développée dans Chomsky (1971); elle présuppose en particulier la théorie du complémenteur (complementizer) présentée dans Bresnan (1972), dont j'utiliserai à partir d'ici le cadre formel. Cette théorie prévoit en particulier que toute phrase est introduite par un complémenteur (COMP) défini par les règles de base

(114) $\quad \bar{S} \rightarrow \text{COMP} \quad S$

$\quad\quad\quad\quad \text{COMP} \rightarrow (P) \quad NP \quad {}^{\pm}WH$

J'étudierai dans cette section la question de savoir si cette hypothèse — combinée éventuellement à d'autres — peut permettre de garder une analyse uniforme en termes de WH-MOVE et d'une règle d'extraposition ordonnée après celle-ci,[56] et de se passer de SCISS — autrement dit si on peut quand même renoncer à l'hypothèse des deux règles en faveur d'une hypothèse plus générale.

2.2. Si WH-MOVE est une règle cyclique,[57] (115) sera à présent dérivée de (116) comme l'indique (117):[58]

(115) $\quad$ Combien faut-il qu'il écrive de lettres?

(116) $\quad$ COMP il faut $_{S_1}$[COMP lui écrire combien de lettres]

(117) $\quad\quad\quad\quad\quad\quad\quad\quad\quad\quad$ (WH-MOVE dans S_1)

a. $\quad$ COMP il faut $_{S_1}$[$_{COMP}$[combien de lettres] lui écrire]

$\quad\quad\quad\quad\quad\quad\quad\quad\quad\quad$ (COMB-EXTRAP dans S_1)

b. $\quad$ COMP il faut $_{S_1}$[$_{COMP}$[combien] lui écrire de lettres]

$\quad\quad\quad\quad\quad\quad\quad\quad\quad\quad$ (WH-MOVE dans le S entier)

c. $\quad$ $_{COMP}$[combien] il faut $_{S_1}$[COMP lui écrire de lettres]

---

tences that have already been passed in the cycle."

56. Le terme "extraposition" n'est choisi que pour distinguer une telle règle de COMB-POST postulée au § 1.2.; elle n'implique en particulier aucune opposition formelle éventuelle entre règles de post- et d'extraposition.

57. Je me servirai du terme "cyclique" tout court étant entendu "opérant par étapes successives". Le sens du terme cyclique " correspond à celui de "successive cyclic" dans Postal (1972).

58. Mis à part des règles qui ne sont pas pertinentes ici, telles STR-FRM-DEL (v. Kayne (1972)), SÙBJ-CL-INV, etc.

Dans la phrase enchâssée, WH-MOVE s'appliquerait au syntagme quantifié entier
(cf. (117a)), et *de NP* serait extraposé après le verbe, dans sa position d'origine, tout comme ce serait le cas, dans la même hypothèse, dans la phrase indépendante (118) -

(118)   Combien écrit-il de lettres?

- dérivée alors de (119), et non pas directement - à savoir au moyen de SCISS -
de (120) :

(119)   combien de lettres écrit-il --> COMB-EXTRAP --> (118)

(120)   il écrit combien de lettres --> SCISS   -->   (118)

Toujours dans la même hypothèse, WH-MOVE s'appliquerait, dans (117b), à COMP en
particulier, comportant désormais *combien* tout seul, et dériverait (117c).
COMB-EXTRAP serait une règle cyclique comme WH-MOVE. Apparemment, il suffirait
alors de définir les conditions dans lesquelles COMB-EXTRAP peut s'appliquer
pour dériver les phrases souhaitées, et le recours à SCISS serait superflu.[59]

Cherchant d'éventuels problèmes que poserait une telle analyse, on constate
d'abord que la règle COMB-EXTRAP semble devoir être obligatoire pour la phrase
enchâssée de (117a) pour empêcher qu'en soit dérivée (121) qui donnerait (122) :

(117) a.   COMP il faut $_S$ [$_{COMP}$ [combien de lettres] lui écrire]
$_1$
                   (pas de COMB-EXTRAP, WH-MOVE dans S)

(121) $_{COMP}$ [combien] il faut $_S$ [$_{COMP}$ [de lettres] lui écrire]
$_1$

(122)   *Combien faut-il que de lettres il écrive?

Or, dans les non-enchâssées, COMB-EXTRAP serait clairement facultative, (119)
n'étant pas dérivable dans le cas contraire. Il suffit cependant que WH-MOVE
continue à déplacer le syntagme quantifié entier - ou bien en vertu d'un principe tel que le suggère Chomsky (1971;1973:235,n. 10) et selon lequel un spécifieur
ne peut être extrait seul d'un NP (cf. également la "Pied Piping Convention" de
Ross (1967)) - ou bien parce que WH-MOVE doit déplacer le syntagme marqué *wh*
tout entier (*combien* tout seul dans le cas de (117b).[60] COMB-EXTRAP peut donc

---

59. En tant que règle cyclique, COMB-EXTRAP semble nécessairement être diffé-
    rente de la règle postcyclique STYL-INV (cf. le § 3.6.) à laquelle ressem-
    blait COMB-POST. Il est cependant probable que les deux propriétés ne s'ex-
    cluent pas l'une l'autre - c'est-à-dire qu'il existe un cycle postcyclique
    (cf. Kayne (1975b:294) à propos de WH-MOVE).

60. Quant à la façon dont on peut garantir un tel fonctionnement, v. Chomsky
    (1971;1973:273,n.55) et Bresnan (1975:78s.).

rester facultative, qu'elle s'applique dans une non-enchâssée ou dans une enchâssée, étant donné que WH-MOVE ne peut pas "laisser tomber des éléments en
route".

2.3.   Comme COMB-EXTRAP est facultative, un autre problème est le suivant.
Soit la structure (123), à laquelle WH-MOVE s'applique deux fois sans que COMB-
EXTRAP s'applique pendant le premier cycle; on obtiendrait (124):

(123)   COMP tu penses $_{S_1}$ [COMP Marie aimerait $_{S_2}$ [COMP Pierre donner combien d'argent à PRO]]

(124)   COMP tu penses $_{S_1}$ [$_{COMP}$[combien d'argent] Marie aimerait
$_{S_2}$[COMP Pierre donner à PRO]]

Etant cyclique, COMB-EXTRAP peut s'appliquer pendant le deuxième cycle, à savoir dans S_1, donnant (125), dont une nouvelle application de WH-MOVE dériverait l'inacceptable (126):

(125)   COMP tu penses $_{S_1}$ [$_{COMP}$[combien] Marie aimerait d'argent
$_{S_2}$[COMP Pierre donner à PRO]]

(126)   *Combien penses-tu que Marie aimerait d'argent que Pierre
lui donne?

Pour exclure (126), il faut donc empêcher la règle cyclique COMB-EXTRAP de
s'appliquer cycliquement, en lui imposant une condition ad hoc:

(127)   La règle cyclique COMB-EXTRAP s'applique uniquement dans la
phrase comportant initialement (en structure profonde) le
syntagme contenant *combien*.

A nouveau – à moins qu'on ne soit prêt à admettre une condition du genre (127)
– l'analyse en termes de WH-MOVE et COMB-EXTRAP semble trop peu restrictive.
Pour empêcher la dérivation, par COMB-EXTRAP, des phrases comme (126), les contraintes d'Emonds (1970) sur les transformations se proposent comme conditions
indépendantes. Je vais examiner leur apport possible dans ce qui suit.

2.4.   On a vu que l'hypothèse de la cyclicité de WH-MOVE entraînait, dans
l'hypothèse de COMB-EXTRAP, nécessairement la cyclicité de celle-ci. Le problème posé par la cyclicité est celui d'empêcher d'une façon non arbitraire
que *de NP* soit "perdu" au cours de la dérivation ailleurs que dans sa phrase
d'origine. Le recours au cadre d'Emonds aura, dans le cas de la phrase (119),

34

que je reproduis ici, l'effet que WH-MOVE laisse, dans la position d'où elle
déplace *combien de lettres*, un nœud vide, ce qui donne la structure (128):

(119)   Combien de lettres écrit-il?

(128)

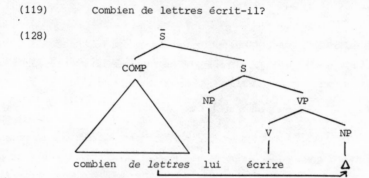

En posant que COMB-EXTRAP est une règle préservatrice de structure - c'est-
à-dire qu'elle ne peut déplacer le NP quantifié ailleurs que dans une position
où un nœud de la catégorie NP est engendré par les règles de la base - [61] on
admet que cette règle peut s'appliquer à (119) en transportant le NP *de lettres*
dans la position vide, dominée par NP, comme l'indique la flèche dans (128).[62]

Dans le cas de la phrase inacceptable (126) par contre, au moment d'application de COMB-EXTRAP, la structure pourrait être (131), comme le suggère l'impossibilité de (129) et (130) qui comportent chacune un NP et un S postverbal:

(129)   *Marie aime la choucroute que Pierre lui donne de l'argent.

(130)   *Combien aimeraient de personnes que Robert s'en aille tout
             de suite?

(131)

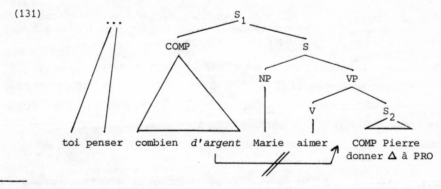

_____

61. Plus précisément, le constituant en question est déplacé avec le nœud caté-
    goriel qui le domine, et qui est, lui, substitué au nœud en place, en effa-
    çant celui-ci. Cet effacement est soumis à la condition de récupérabilité
    (v. Chomsky (1965)), satisfaite dans (128) (le NP effacé ne domine rien).

62. Le NP déplacé pourrait avoir la structure $_{NP}[_{PP}[$ *de lettres* $]]$.

Dans une telle structure, COMB-EXTRAP ne peut pas s'appliquer si elle est préservatrice de structure, car il n'existe pas de noeud vide dans S_1 où elle
puisse transporter *d'argent*.[63]

Cette hypothèse semble plausible dans la mesure où l'extraposition est correctement bloquée, aussi bien dans le cas de (126), où la séquence *d'argent*
provient de l'objet, que dans le cas de (130), où *de personnes* correspond au
sujet.[64]

Il est clair que COMB-EXTRAP ne pourrait pas être une transformation radicale;[65] elle doit pouvoir s'appliquer dans les enchâssées, et ce n'est que là
qu'elle aurait sa fonction principale, d'une part en évitant que le principe
de non-insertion soit violé, d'autre part en ne laissant pas tomber, de par
son caractère de règle préservatrice de structure, de matériel en route. COMB-
EXTRAP ne peut pas être non plus une règle de mouvement mineur;[66] cf. (128) et
(131). Premièrement, le constituant déplacé est un noeud syntagmatique; or les
règles de mouvement mineur ne s'appliquent pas à de tels éléments. Deuxièmement, *de NP* est déplacé par-dessus plus d'un constituant (NP et V dans (128)).

COMB-EXTRAP serait donc une règle préservatrice de structure qui s'applique
cycliquement, ce qui permettrait qu'elle s'applique dans (123) après la première
application de WH-MOVE, déplaçant dans S_2 *d'argent* du COMP dans le NP devenu
vide, et donnant

(132)   Combien penses-tu que Marie aimerait que Pierre lui donne
           d'argent?

D'autre part, comme dans le cycle sur S_1, l'absence d'un noeud vide empêcherait
COMB-EXTRAP de s'appliquer pendant le cycle sur S, ce qui exclurait correctement la phrase inacceptable

(133)   *Combien penses-tu d'argent que Marie aimerait que Pierre
           lui donne?

2.5.   La question cruciale en ce qui concerne l'intérêt de cette approche est
celle de savoir si on peut trouver des structures où le déplacement de *de NP*

---

63. A cause de la prohibition d'insertion, COMB-EXTRAP ne peut pas non plus, pen-
    dant ce cycle, transporter *d'argent* à la place de Δ dans S_2.
64. Ce qui ne veut pas dire que l'hypothèse d'Emonds soit ici appliquée à juste
    titre; les - ou l'une des - phrases pourraient être inacceptables pour d'au-
    tres raisons.
65. Cf. la notion de "root transformation" dans Emonds (1970).
66. Cf. la notion de "minor movement rule" dans Emonds (1970).

vers un noeud vide conduit à des phrases inacceptables. Cela serait possible dans le cas de structures à double complément, NP et S à la fois. Une telle structure, résultant de l'application de la règle de base

(134)   VP   ->   V NP S

est, par exemple, (135), sous-jacente à (136):

(135)   COMP l'animateur avertir $_{NP}[\Delta]$ $_{S_1}[$ COMP Δ falloir $_{S_2}[$ COMP
             Δ applaudir combien de personnes]]

(136)   Combien l'animateur a-t-il averti qu'il fallait applaudir
             de personnes?

(136) dérive de (135) par l'application successive de (I) WH-MOVE dans S_2, (II) COMB-EXTRAP dans S_2, (III) WH-MOVE dans S_1, (IV) WH-MOVE dans S. COMB-EXTRAP - au cas où la règle ne se serait pas appliquée dans S_2 - ne pourrait pas s'appliquer dans S_1, aucun NP postverbal vide ne pouvant l'accueillir; l'extraposition serait par contre possible dans S et donnerait

(137)   Combien l'animateur a-t-il averti de personnes qu'il fal-
             lait applaudir?

(137) est acceptable, mais elle n'a pas le sens de (136), bien qu'elle soit ambiguë: dans un cas, *personnes* est en même temps objet de *avertir* et de *applaudir*; ce sont les personnes à applaudir qui sont averties par l'animateur. Cette lecture est synonyme de

(138)   Combien de personnes qu'il fallait applaudir l'animateur
             a-t-il averties?

Dans l'autre cas, *personnes* est toujours objet de *avertir*, mais *applaudir* n'a pas d'objet: certaines personnes sont averties par l'animateur que les applaudissements sont nécessaires. A cette lecture correspond

(139)   Combien de personnes l'animateur a-t-il averties qu'il
             fallait applaudir?

phrase trois fois ambiguë, d'ailleurs: mis à part le sens que je viens de mentionner, elle est synonyme de (138) dont elle se distingue par l'application de la règle extraposant les relatives (REL-EXTRAP); d'autre part, elle est synonyme de (136), dont elle se distingue par la non-application de COMB-EXTRAP.[67] Bien que l'ambiguïté ne pose pas de problème pour l'analyse en termes de COMB-EXTRAP, le fait que (137) ne puisse avoir le sens de (136) - ce qui est pour-

---

67. Dans ce cas, l'orthographe est *averti* dans (139).

tant prédit par l'analyse - pose un problème extrêmement sérieux à l'hypothèse qu'une telle règle existe. Ce qui est important pour WH-MOVE, c'est qu'au cours de la montée de l'élément *wh*, les parties de cet élément qui peuvent le quitter en soient séparées dans leur phrase d'origine, et ne le soient plus pendant la montée. A moins de trouver un autre moyen de barrer l'accès de *de NP* à une position Δ telle que celle du NP dans S de (135), la contrainte sur les transformations préservatrices de structure n'est pas capable d'assurer d'une façon générale le fonctionnement souhaité de COMB-EXTRAP.

L'absence de synonymie entre (136) et (137) interdit donc, dans ces conditions, l'hypothèse qui veut rendre compte de l'apparition isolée de *combien* au moyen d'une seule règle, COMB-EXTRAP, déplaçant le NP quantifié à droite. Comme elle n'est pas assez restrictive, l'hypothèse de la règle unique ne peut éviter de recourir à une condition ad hoc - telle (127), par exemple - pour corriger une fausse prédiction. Quant à l'hypothèse des deux règles, il est facile de voir que seule SCISS est nécessaire dans les dérivations de (136) et (137); elle dérive (136) de (135) en s'appliquant dans S_2, et (137) de (140) en s'appliquant dans S:

(140)   COMP l'animateur avertir combien de personnes $_{S_1}$[COMP Δ

falloir $_{S_2}$[COMP Δ applaudir]]

ou de (141)n en s'appliquant également dans S, pour l'interprétation (138):

(141)   COMP l'animateur avertir $_{NP}$[combien de personnes $_{S_1}$[qu'il

fallait applaudir]] [68]

(140) et (141) sont différentes de (135); l'hypothèse des deux règles ne prédit donc pas de synonymie inexistante entre (136) et (137).[69] Elle est donc supérieure à celle de la règle unique en ce qu'elle n'a pas besoin de moyens ad hoc, et je laisse celle-là comme étant inadéquate.

A un niveau plus général, on a vu que, combinée à l'hypothèse de l'extraposition généralisée, l'hypothèse de la cyclicité de WH-MOVE, tout en faisant disparaître le problème de la non-insertion, en a créé un autre, celui des éléments qui pourraient être "perdus en route". Si au contraire WH-MOVE ne s'applique qu'une seule fois à l'élément *wh* et le déplace directement dans sa

---

68. SCISS s'applique éventuellement après REL-EXTRAP.

69. On verra au § 3. que COMB-POST ne peut s'appliquer de la manière de COMB-EXTRAP pour donner (137).

position finale, *de NP* ne peut rester dans des étapes intermédiaires.

Il est important de voir que le rejet de l'hypothèse de la règle unique, pour qui l'hypothèse de la cyclicité de WH-MOVE était une condition néces- saire, mais pas suffisante, n'a aucune conséquence pour cette dernière. Si WH-MOVE est cyclique, il faut chercher une explication pour le fait que (137) ne peut être interprétée dans le sens de (136). Si le sens d'une phrase - du moins en ce qui concerne les relations grammaticales - est défini à partir de la structure profonde, on doit conclure qu'il est impossible de reconstruire (135) à partir de (137), mais qu'on peut reconstruire les structures profondes correspondant aux deux lectures de cette phrase. D'une façon générale, lorsque l'élément questionné a été déplacé de son emplacement initial, dans une struc- ture enchâssée, cette reconstruction ne peut se faire que si la partie sépa- rable (*de personnes* en l'occurrence) se retrouve en position initiale de phrase ((139), à partir de (135)) ou dans sa position d'origine ((136), à partir de (135)). L'hypothèse de la cyclicité de WH-MOVE doit tenir compte de ces condi- tions à la reconstruction en excluant le déplacement de la partie séparable dans d'autres positions; on verra la façon dont elle le fait au § 2.7.

2.6.   On a vu que, tout en évitant la dérivation de certaines phrases inac- ceptables (cf. (133)), COMB-EXTRAP ne pourrait fonctionner d'une façon satis- faisante, puisque, même préservatrice de structure, elle ne serait pas assez restrictive pour empêcher que des phrases comme (137) soient incorrectement dérivées. Je vais cependant montrer que la règle serait en même temps trop restrictive et rendrait impossible la dérivation de phrases acceptables.

COMB-EXTRAP, extraposant *de NP*, devrait placer la séquence dans les mêmes positions que celles où la règle préservatrive de structure NP-EXTRAP [70] place les NP sujets. Comme le montrent les exemples de (142), on ne peut rien con- clure des cas à un seul NP postverbal:

(142) a.   Il est passé un monsieur avec un turban rose.
      b.   Combien sont passés de messieurs avec des turbans roses?

      c.   Il s'est montré un génie.
      d.   Combien se sont montrés de génies?

Le cas est cependant différent lorsque le verbe est suivi d'un NP objet sans article. NP-EXTRAP, préservatrice de structure, ne peut pas s'appliquer - cf.

---

70. Cf. pour cette propriété dans le cas de NP-EXTRAP Kayne (1975b). L'hypo- thèse de cette propriété est implicite dans Gaatone (1970:391) qui postule que "le syntagme nominal sujet ... devient ... un constituant du syntagme verbal".

(143) a. *Il a pris fin une longue campagne d'intoxication.
b. *Il aura lieu deux concerts Salle Pleybeau.
c. *Il a déclaré forfait plusieurs favoris.
d. *Il se donne libre cours certaines tendances très regretta-
bles.

Dans le cadre d'Emonds, il en résulte que les sujets déplacés dans (143), contrairement à ceux de (142) a et c, n'ont pu prendre la place du NP postverbal,
déjà occupée par *fin, lieu, forfait, libre cours*. Le caractère de la règle interdit leur placement dans une position de non-NP, ce qui explique l'inacceptabilité de (143). Il devrait être de même dans le cas de la règle préservatrice de structure COMB-EXTRAP. Les phrases parallèles à (143) sont cependant
jugées presque bonnes, et le contraste entre (144) et (143) est net:

(144) a. ?Combien ont pris fin de campagnes d'intoxication?
b. ?Combien auront lieu de concerts Salle Pleybeau?
c. ?Combien ont déclaré forfait de favoris?
d. ?Combien se donnent libre cours de tendances très regretta-
bles?

Il résulte du contraste entre (144) et (143) que la règle déplaçant *de NP* ne
place pas ces séquences dans la position du NP postverbal, autrement dit qu'elle
n'est pas préservatrice de structure. COMB-EXTRAP est donc doublement inadéquate, à la fois trop puissante (cf. le § 2.5.) et trop restrictive. COMB-POST
d'autre part, s'appliquant aux sujets à l'intérieur de l'hypothèse des deux
règles, présente dans (144) la sixième ressemblance avec STYL-INV [71] qui dérive
les phrases

(145) a. Quand prendra fin cette campagne d'intoxication?
b. Dans quelle salle auront lieu ces concerts?
c. ?Pour quelle raison ont déclaré forfait tant de favoris?
d. Comment peuvent se donner libre cours des tendances
si contradictoires?

L'application de STYL-INV donne de meilleurs résultats lorsque l'objet fait
partie d'une locution "idiomatique" comme dans (145) que lorsque ce n'est pas
le cas (cf. Kayne (1972:105s.)). De plus, à l'intérieur d'une locution, l'objet
semble plus facile à accepter quand il n'a pas d'article que quand il en a un,
ce qui conduit à la gradation

(145) a. Quand prendra fin cette campagne d'intoxication?

(146) ?Quand dira la messe ce curé combatif?

(147) *?Quand quittera l'hôpital votre ami malade?

---

71. Pour les cinq autres qui ont été notées jusqu'ici, v. les §§ 1.2.3. et 1.2.4.

COMB-POST, plaçant la séquence *de NP* après l'objet, est capable de prédire correctement le contraste fin, mais perceptible entre (148) a et b:

(148) a. ??Combien ont dit la messe de curés?
      b. *Combien ont dit de curés la messe?

L'hypothèse de la règle unique, avec la règle COMB-EXTRAP, prédirait l'inacceptabilité pour les deux phrases, de même que pour

(149) a. *Combien a-t-il vu Suzanne de fois?
      b. ??Combien a-t-il vu de fois Suzanne?

Ce qui est remarquable dans les paires de phrases (148) et (149) est le fait que la séquence *de NP* se trouve, dans les phrases plus acceptables, dans des positions différentes. Etant donné l'application de COMB-POST dans (148a), d'une part, et d'autre part celle de SCISS à un syntagme *combien de fois* en position immédiatement postverbale (cf. le § 1.1.6.), les variations d'acceptabilité dans (148) et (149) sont correctement prédites par l'hypothèse des deux règles.

Je retiens de la discussion qui précède le fait que l'hypothèse des deux règles est clairement supérieure à celle de la règle unique. Elle peut maintenant être précisée de la façon suivante: l'une des deux règles, SCISS, s'applique aux syntagmes quantifiés postverbaux en déplaçant *combien* à gauche et laissant *de NP* sur place; cette règle ressemble à WH-MOVE. La règle COMB-POST s'applique aux sujets en déplaçant *de NP* à droite, dans une position après celle du NP postverbal; elle n'est pas préservatrice de structure et ressemble à la règle STYL-INV.

2.7.   Le rejet de l'hypothèse de la règle unique a une conséquence intéressante en ce qui concerne le déplacement des éléments qui se trouvent dans COMP. La généralisation (intenable, comme on l'a vu) que devait exprimer cette hypothèse exigeait que le syntagme quantifié entier soit déplacé dans chaque cas, au moyen de WH-MOVE, dans COMP, d'où COMB-EXTRAP faisait facultativement sortir *de NP*. Ce déplacement devait s'effectuer d'une part à droite, d'autre part part vers une position autre que COMP, et serait ainsi en contradiction avec l'hypothèse de Chomsky (1971;1973:243) selon laquelle un élément dans COMP ne peut être transporté ailleurs que dans un autre COMP. Comme le contexte de cette proposition concerne les conditions dans lesquelles un élément lexical peut sortir d'une phrase,[72] et comme *de NP* resterait dans la même phrase, une limi-

---

72. A temps fini.

tation de l'hypothèse de Chomsky aux déplacements franchissant des frontières de phrases ne serait a priori pas inconcevable. Il est clair, d'autre part, que la version non restreinte exclut, dans l'hypothèse de la cyclicité de WH-MOVE, que du matériel déplacé de sa position d'origine par cette règle, se retrouve ailleurs que dans la position, seule acceptable, du syntagme *wh* à la fin de la dérivation. L'hypothèse des deux règles, distinguant entre le déplacement de *combien* à gauche et celui de *de NP* à droite, n'implique pas de modification de l'hypothèse de Chomsky; elle est compatible avec elle puisque *de NP* ne se trouve jamais dans COMP avant d'apparaître séparé de *combien*. Ce fait découle, pour les syntagmes non-sujets, de l'application de SCISS; il sera démontré pour le cas des sujets au § 3.

3.   L'interaction des règles dans la syntaxe de *combien*

3.0.   Cette section examine d'abord le fonctionnement de COMB-POST dans son interaction avec les règles QUE-QUI et SUBJ-CL-INV, où trois nouvelles ressemblances seront dégagées entre COMB-POST et STYL-INV.

Je m'occupe ensuite du jeu des règles SCISS, WH-MOVE et COMB-POST. En précisant la forme générale des structures soumises à COMB-POST, je serai amené à corriger la formulation de SCISS et à identifier STYL-INV et COMB-POST. En même temps, l'hypothèse "adverbialiste" et avec elle la condition de non-extraction des éléments prénominaux seront rejetées pour *combien* quantifieur de NP. De l'analyse proposée ici résulte également la nécessité de reformuler la "condition du sujet" de Chomsky (1971).

3.1.   A propos de la règle QUE-QUI

3.1.1. L'extraction des éléments *wh* de phrases complétives peut se décrire, en termes de la structure de surface, comme le placement de ces éléments en tête de la phrase matrice, accompagné de l'apparition du complémenteur *que*:

(150) a.   tu crois $_S$[Schmittchen a étranglé qui]
      b. $_S$[Nicole votera pour qui]
      c. $_S$[Jean-Jacques s'occupe de quoi]
      d. $_S$[Françoise est habillée comment]
      e. $_S$[le paquebot coulera à quelle heure]

donnent, au moyen de WH-MOVE, (151) et, après l'application supplémentaire de STYL-INV, (152):

```
(151) a.   Qui              │               │ Schmittchen a étranglé?
      b.   Pour qui         │               │ Nicole votera?
      c.   De quoi          │ crois-tu que  │ Jean-Jacques s'occupe?
      d.   Comment          │               │ Françoise est habillée?
      e.   A quelle heure   │               │ le paquebot coulera?

(152) a.   Qui              │               │ a étranglé Schmittchen?
      b.   Pour qui         │               │ votera Nicole?
      c.   De quoi          │ crois-tu qu(e)│ s'occupe Jean-Jacques?
      d.   Comment          │               │ est habillée Françoise?
      e.   A quelle heure   │               │ coulera le paquebot?
```

Lorsque l'élément *wh* extrait est le sujet, *que* est impossible, et on a *qui*:

```
(153) a.   tu crois  ₛ[ qui a dit cela ]

      b.             ₛ[ quoi fait ce bruit ]

      c.             ₛ[ quel livre a été volé ]
```

```
(154) a.   Qui         │           │ ·que │ a dit cela?
      b.   Que         │ crois-tu  │  qui │ fait ce bruit?
      c.   Quel livre  │           │      │ a été volé?
```

D'autre part, *qui* est impossible dans les phrases (151) et (152):

```
(155) a.   Qui              │               │ Schmittchen a étranglé?
      b.   Pour qui         │               │ Nicole votera?
      c.   De quoi          │ crois-tu ·qui │ Jean-Jacques s'occupe?
      d.   Comment          │               │ Françoise est habillée?
      e.   A quelle heure   │               │ le paquebot coulera?
```
[73]
```
(156) a.   Qui              │               │ a étranglé Schmittchen?
      b.   Pour qui         │               │ votera Nicole?
      c.   De quoi          │ crois-tu ·qui │ s'occupe Jean-Jacques?
      d.   Comment          │               │ est habillée Françoise?
      e.   A quelle heure   │               │ coulera le paquebot?
```

Considérant que *que* et *qui* dans (151)-(156) étaient deux formes d'un même élément, Moreau (1971) a proposé une analyse qui s'applique aussi bien à ce type de complémentation - manifesté encore dans (157) - qu'au cas de la relativation (cf. (158)) et à celui des phrases "clivées" (cf. (159)):

```
(157)      Qui crois-tu qui sait réparer un gulp?

(158)      Qui connais-tu qui sait réparer un gulp?

(159)      C'est Ferdinand qui sait réparer un gulp.
```

Dans l'analyse de Moreau, les deux sous-règles de CONVERSION DE QU assurent la forme correcte du complémenteur:

---

73. Possible avec l'interprétation

```
     (al)      Qui est à ton avis l'étrangleur de Schmittchen?
```

(160) a.   Qu --> *qui* / __ V
      b.   Qu --> *que* / __ NP V

Deux points, me semble-t-il, sont à voir de plus près dans cette formulation. D'une part, comme il n'y a pas de troisième élément qui puisse apparaître dans la position de *que* / *qui*, ces deux-ci représentent la totalité des éléments possibles; il faut donc que les contextes spécifiés représentent également tous les contextes possibles. D'autre part, il n'est jamais possible de mettre *que* à la place de *qui* dans une structure de surface donnée, ni *qui* à la place de *que*; CONVERSION DE QU est donc "surdéterminée", elle contient de l'information redondante; c'est ce point que je vais examiner d'abord.

3.1.2. La formulation (160) est redondante dans la mesure où la spécification des contextes donnant *qui* est en même temps une spécification des contextes donnant *que*, et vice versa, puisque les uns forment le complément des autres par rapport à tous les contextes possibles. Une solution non redondante exige une formulation "complémentaire" des règles de (160). A l'intérieur d'une telle solution, on a le choix entre les alternatives A et B:

- A: Une introduction généralisée - donc sans spécification de contexte - d'un des deux complémenteurs, suivie de la conversion de celui-ci dans certains cas (spécifiés quant au contexte)
- B: L'introduction d'un des complémenteurs uniquement dans les positions où il apparaîtra en structure de surface, spécifiées contextuellement, suivie de l'introduction de l'autre dans les cas restants, non-spécifiés.

Dans chacun des deux cas A et B, la question est celle de savoir lequel des complémenteurs est introduit en fonction du contexte. Notons que la solution complémentaire aussi bien que celle de Moreau permettent a priori que d'autres règles s'appliquent entre les règles de "conversion".

    Les phrases (151)-(156) et (157) ont montré que l'application de STYL-INV n'affecte pas la forme *que* du complémenteur, et qu'une formulation simple des règles est possible si on les ordonne avant STYL-INV (ou du moins celle qui est responsable de *qui*). On peut alors proposer (je remplace QU par COMP):

(161) a.   COMP --> *que* / __ NP
      b.   COMP --> *qui*

La formulation inverse serait

(162) a.   COMP --> *qui* / __ V
      b.   COMP --> *que*

Notons que (161) et (162) sont compatibles aussi bien avec la solution A (dans

44

ce cas, la sous-règle (b) de (161) ou (162) s'applique d'abord, et (a) sera interprétée comme convertissant, dans les contextes spécifiés, l'élément introduit d'une manière générale par (b)) qu'avec la solution B (où l'ordre d'application sera (I) (a), (II) (b)).

Dans les phrases considérées jusqu'ici, aussi bien (161) que (162) donnent le résultat correct; le NP sujet étant le seul élément qui apparaisse entre COMP et le verbe, les deux formulations sont équivalentes. Elles ne le seraient plus dans le cas d'un élément E ≠ NP et ≠ V apparaissant entre COMP et le verbe.

Avec une séquence COMP E V, la condition pour COMP *suivi d'un élément autre que NP* (condition pour l'apparition de *qui* dans (161)) et la condition *suivi de V* (condition analogue dans (162)) ne sont plus identiques, ni celles pour l'apparition de *que* non plus (*suivi de NP* dans (161), *suivi d'un élément autre que V* dans (162)); la séquence COMP E V serait convertie en *qui* E V par (161), étant donné que E ≠ NP, et en *que* E V par (162), étant donné que E ≠ V. On peut choisir sur des bases empiriques à condition de trouver un élément correspondant à E. Le quantifieur *tous*, en position préverbale, semble être un tel élément.

Soit la structure

(163)   les spéculateurs $_S$[COMP tous les spéculateurs font gaiement leur beurre]

Le déplacement à droite de *tous* [74] et la relativation donnent (164), dont (161) aussi bien que (162) dérivent (165):

(164)   les spéculateurs $_S$[COMP Ø font tous gaiement leur beurre]
(165)   les spéculateurs qui font tous gaiement leur beurre

Comme dans les exemples précédents, rien ne permet de choisir entre (161) et (162). Un choix semble toutefois possible lorsque *tous* n'est pas transporté en position postverbale; la relativation donne (166), et la seule forme possible du complémenteur est *qui*:

(166)   les spéculateurs $_S$[COMP Ø tous font gaiement leur beurre]
(167)   les spéculateurs qui tous font gaiement leur beurre
(168)   *les spéculateurs que tous font gaiement leur beurre

Dans la mesure où *tous*, dans (166); correspond à l'élément E recherché, la paire (167)/(168) choisit entre les deux formulations, à savoir en faveur de (161). Cependant, la supposition que *tous* correspond en effet à E pourrait être

74. Cf. pour ce déplacement Kayne (1975b:41ss.)

incorrecte; plus précisément, *tous*, dans la position où il se trouve dans (166), pourrait être "transparent" pour les règles qui déterminent la forme du complémenteur. A la suite de son déplacement hors du NP sujet, qui précède l'effacement de celui-ci, *tous* pourrait être un adverbe comme *évidemment* dans

(169) une offre qu' évidemment il ne pouvait pas refuser
       *qui

(170) une offre *qu' évidemment doit être étudiée avec soin
       qui

Comme le montrent ces phrases, les adverbes n'affectent pas la forme du complémenteur.[75]

Si une telle interprétation du parallélisme entre *évidemment* et *tous* dans les phrases qu'on vient de voir est correcte, *tous* ne correspond pas à E, et le contraste entre (167) et (168) n'est pas pertinent pour le choix entre (161) et (162). Il semble alors que NP et V sont en effet les seuls contextes pertinents pour l'application de la règle, quelle qu'elle soit, ce qui répond à la première question posée à la fin du § 3.1.1. Les formulations (161) et (162) seraient alors équivalentes, ce qui pourrait vouloir dire qu'elles sont toutes deux inadéquates sur un point de leur forme, tout en faisant les prédictions correctes. Comme une telle inadéquation n'a pas de conséquence pour la suite de ce chapitre, je retiendrai ici une version non formelle de QUE-QUI:[76]

(171) Le complémenteur *que* introduit les phrases enchâssées à temps fini, et ayant un sujet; à ce *que* correspond *qui* dans les enchâssées sans sujet.

Ce sujet est un NP même dans le cas où il s'agit d'un pronom si l'analyse des pronoms sujets dans Kayne (1972) est correcte, selon laquelle l'adjonction au verbe du clitique sujet se trouvant dans $_{NP}$[Y SCL] - où SCL est le clitique sujet - suit QUE-QUI. D'autre part, le déplacement du pronom objet en position préverbale - cf.

(172) une femme qui l'attire

---

75. Il convient peut-être de considérer l'adverbe ici comme une incise, comme *à ton avis* dans

(am) cette offre que, à ton avis, il ne peut pas refuser

Avec *tous* comme incise, (an) serait acceptable et parallèle à (169):

(an) les spéculateurs que, tous, l'Etat devrait protéger

(*tous*, ici, n'aurait pas pu être extraposé du NP relatif dans COMP).

76. Certains aspects de la règle seront discutés au ch. 2., § 5.5.

ne peut pas interférer avec QUE-QUI puisque le pronom antéposé est dominé par
le noeud V.[77]

3.2. QUE-QUI et COMB-POST

3.2.1. Je me tourne maintenant vers l'interaction de QUE-QUI et COMB-POST. Soit
les structures

(173) a. $_S$[le pyromane a incendié combien de "Méhari"]

b. tu crois $_S$[il l'a appelée combien de fois]

c. $_S$[elle a souri à combien de garçons]

dont l'extraction de *(P) combien de NP* au moyen de WH-MOVE donne

(174) a. Combien de "Méhari" crois-tu que le pyromane a incendiés?
b. Combien de fois crois-tu qu'il l'a appelée?
c. A combien de garçons crois-tu qu'elle a souri?

Des mêmes structures (173), SCISS dérive

(175) a. Combien   le pyromane a incendiés de "Méhari"?
b. Combien crois-tu qu(e) il l'a appelée de fois?
c. ?A combien   elle a souri de garçons

Dans les deux cas, le complémenteur est *que*, comme le prédit (171), un sujet
étant présent. Lorsque le sujet de l'enchâssée est le syntagme comportant *combien*, on obtient, à partir de (176), (177) au moyen de WH-MOVE et (178) par
l'application de SCISS:

(176) a. $_S$[combien de prisonniers se sont évadés]

b. tu crois $_S$[combien de candidats savent chanter]

c. $_S$[combien d'invités viendront]

(177) a. Combien de prisonniers crois-tu qui se sont évadés?
b. Combien de candidats crois-tu qui savent chanter?
c. Combien d'invités crois-tu qui viendront?

(178) a. ??Combien crois-tu que de prisonniers se sont évadés?
b. ??Combien crois-tu que de candidats savent chanter?
c. ??Combien crois-tu que d'invités viendront? [78]

---

77. Cf. l'analyse des pronoms clitiques dans Kayne (1975b).
78. On pourrait penser à relier l'acceptabilité douteuse de (178) à l'impossibilité de ... *que de* ... dans (ap):

(ao)   Je n'aime pas que tu fréquentes de gens incultes.
Je n'aime pas que tu manges de bonbons.

(ap)   *Je n'aime pas que de gens incultes viennent chez toi.
*Je n'aime pas que de bonbons traînent partout.

Cf. sur cette question le § 3.5.3.

Les phrases (178) ne sont pas très bonnes, mais jugées clairement meilleures que celles de (179) :

(179) a. *Combien crois-tu qui de prisonniers se sont évadés?
b. *Combien crois-tu qui de candidats savent chanter?
c. *Combien crois-tu qui d'invités viendront?

Etant donné la différence de statut entre (178) et (179), QUE-QUI doit pouvoir analyser *de NP* dans

(180)   combien tu crois $_S$[de NP X]

qui reste sur place après l'extraction de *combien*, comme un NP.[79] Une telle analyse découle d'une façon naturelle d'une extraction de *combien* selon le schéma suivant:

(181)

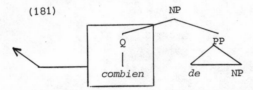

où la structure $_{NP}$[$_{PP}$[de NP]] reste sur place. La séquence *de NP* est donc un NP à partir du moment où SCISS s'est appliquée.[80] COMB-POST peut donc s'appliquer ensuite exactement de la manière de STYL-INV, en postposant un NP de sa position préverbale, ce qui constitue la sixième ressemblance qu'on constate entre les deux règles. Les phrases suivantes sont dérivées de cette façon-là, à partir de (178):

(182) a. ?Combien crois-tu que se sont évadés de prisonniers?
b. ?Combien crois-tu que savent chanter de candidats?
c. ?Combien crois-tu que viendront d'invités?

et elles correspondent aux phrases à sujet postposé, par STYL-INV,

(183) a. Quand crois-tu que se sont évadés les prisonniers?
b. Où crois-tu que les dirigeront leurs complices?
c. De quelle façon crois-tu qu'ont été trompés les gardiens?

Les phrases (182) sont impossibles avec *qui* au lieu de *que*:

---

79. Si elle mentionne NP. Si *que* est introduit indépendamment du contexte - que ce soit selon les lignes de A ou B (cf. p. 43) - l'analyse en termes de NP n'est pas indispensable pour QUE-QUI.

80. Dans l'hypothèse rejetée de COMB-EXTRAP, une telle extraction ne se produit pas; cela pourrait créer un problème de plus puisque *de NP* doit y être analysable comme NP, étant donné que COMB-EXTRAP devait être préservatrice de structure.

(184) a. *Combien crois-tu qui se sont évadés de prisonniers?
b. *Combien crois-tu qui savent chanter de candidats?
c. *Combien crois-tu qui viendront d'invités?

Pour exclure que ces phrases soient dérivées par QUE-QUI, il faut que celle-ci s'applique avant la postposition de *de NP* par COMB-POST - comme elle s'applique avant STYL-INV. Nous notons là le septième point commun de STYL-INV et COMB-POST.

3.2.2. Certaines des propriétés des syntagmes *combien de NP* se retrouvent dans les syntagmes du type *qui d'intéressant, qui d'autre, quoi de neuf, quoi d'autre*. Ainsi

a) ils apparaissent séparés en deux parties:

(185) a. Qui d'intéressant as-tu rencontré?
b. A qui d'autre as-tu parlé?
c. De quoi de neuf a-t-il parlé?
d. A quoi d'autre as-tu pensé?

(186) a. Qui as-tu rencontré d'intéressant?
b. A qui as-tu parlé d'autre?
c. De quoi a-t-il parlé de neuf? [81]
d. A quoi as-tu pensé d'autre?

b) les parties ainsi séparées peuvent se trouver dans des phrases différentes:

(187) a. Qui d'intéressant dit-il qu'il a rencontré?
b. A qui d'autre crois-tu qu'il va parler?
c. De quoi de neuf veux-tu qu'il parle?
d. A quoi d'autre crois-tu qu'elle a pensé?

(188) a. Qui dit-il qu'il a rencontré d'intéressant?
b. A qui crois-tu qu'il va parler d'autre?
c. De quoi veux-tu qu'il parle de neuf?
d. A quoi crois-tu qu'elle a pensé d'autre?

c) dans le cas du sujet, l'acceptabilité varie selon le verbe:

(189) a. Combien { sont venus / sont arrivés / ont été arrêtés / se sont échappés } de garçons?

b. Combien { ??ont éternué / ??ont gueulé / *?ont vomi / *?ont bronzé } de garçons?

---

81. Dans le cas des PP, *qui / quoi de ...* est, contrairement à *combien de NP*, aussi acceptable que dans le cas des NP. V. la suite du texte.

(190) a. Qui { est venu / est arrivé / a été arrêté / s'est échappé } d'autre?

b. Qui { ??a éternué / ??a gueulé / *?a vomi / *?a bronzé } d'autre?

Comme dans le cas de *combien de NP*,[82] la construction non-séparée est toujours acceptable:

(191) Qui d'autre { a éternué / a gueulé / a vomi / a bronzé } ?

Ces ressemblances peuvent suggérer pour *qui / quoi de ...* une analyse parallèle à celle que j'ai proposée pour *combien de NP*, avec une règle du genre de SCISS qui extrairait *qui / quoi* du syntagme complexe et une règle de postposition de *de ...* s'appliquant dans le cas des sujets.[83] Une alternative serait de laisser une règle d'extraposition s'appliquer dans tous les cas, déplaçant *d'intéressant*, *de neuf*, etc. facultativement dans une position à droite de sa position d'origine; WH-MOVE s'appliquerait ensuite à *qui / quoi* qui constitue seul le syntagme. Précédant WH-MOVE, cette extraposition serait indépendante du caractère *wh* de *qui / quoi*. L'hypothèse d'une telle règle est plausible, étant donné qu'elle s'applique à des mots non *wh* tels que *rien de neuf*, *personne d'autre* (l'extraposition, pour des raisons que je ne connais pas encore, est moins acceptable avec *personne*; cf. la note 84):

(192) a. Rien d'autre n'est arrivé ce matin.
b. Rien d'extraordinaire n'a été prévu.
c. Personne d'autre n'est arrivé au bureau.

(193) a. Rien n'est arrivé d'autre ce matin.
b. Rien n'a été prévu d'extraordinaire.
c. ??Personne n'est arrivé d'autre au bureau. [84]

---

82. Cf. le contraste entre (9) et (10) et les pp. 25s.

83. Il faudrait expliquer, dans une telle analyse, pourquoi les PP de ce type sont mieux acceptés que ceux avec *combien*; le parallélisme des analyses ne laisserait pas prévoir la différence. Cf. la discussion du déplacement effectué par SCISS, pp. 12ss.

84. Je ne sais pas pour l'instant pourquoi l'extraposition est impossible avec *quelqu'un*, *quelque chose*:

(aq) Quelqu'un d'intéressant est arrivé ce matin.
Quelque chose d'inattendu m'a frappé.

Soit alors les phrases

(194)   Combien de gens crois-tu qui sont venus?

(195)   Qui d'autre crois-tu qui est venu?

(195) a la structure sous-jacente (196):

(196)   tu crois $_S$[qui d'autre est venu]

Dans l'analyse parallèle à celle de *combien de NP*, *qui*, dans (196), est extrait à gauche, et $_{NP}$[*qui d'autre*] donne *qui* ... $_{NP}$[*d'autre*];[85] on s'attend alors au complémenteur *que* dans la position avant *d'autre*. La postposition de *d'autre*, qui suit QUE-QUI, donnerait donc incorrectement (197), qui est parallèle à (198):

(197)   *Qui crois-tu qu'est venu d'autre?

(198)   Combien crois-tu que sont venus de gens?

D'autre part, la phrase acceptable (199) ne serait dérivable que de (200):

(199)   Qui crois-tu qui est venu d'autre?

(200)   qui tu crois qui d'autre est venu

où le *qui* de droite est le complémenteur, et qui est inengendrable par quel-

---

(ar)   *Quelqu'un est arrivé d'intéressant.
        *Quelque chose m'a frappé d'inattendu.

Si l'extraposition de *de AP* est reliée, comme l'envisage Kayne (1975b:123s.), à celle des relatives - cf.

(as)   Rien ne s'est passé qui soit intéressant.
        Personne ne parlera qui puisse t'intéresser.

- l'absence éventuelle de celle-ci avec *quelqu'un*, *quelque chose* pourrait laisser prédire l'inacceptabilité de (ar); elle semble néanmoins possible:

(at)   Quelqu'un est venu qui est très intéressant.
        Quelque chose m'a frappé qui était tout à fait inattendu.

Le fait d'allonger la séquence extraposée n'améliore que peu l'acceptabilité de (ar):

(au)   ??Quelqu'un est arrivé de vraiment très intéressant.
        ??Quelque chose m'a frappé de tout à fait inattendu.

mais assez celle de *personne de AP*:

(av)   Personne n'est venu de particulièrement intéressant.

- Une règle d'extraposition de *d'intéressant* etc. est également suggérée, avant WH-MOVE, dans Fauconnier (1974:27), qui ne mentionne cependant pas le cas des mots non *wh*.

85. L'extraction du NP *qui* hors de cette configuration violerait le principe A-sur-A dans sa version absolue (cf. pour cette version Chomsky (1971;1973: 235) et Kayne (1975b:115)); cf. le § 4.2., plus bas.

que formulation de QUE-QUI que ce soit, *d'autre* étant considéré comme un NP. Cette analyse prédit donc comme bonne une phrase inacceptable et est en même temps incapable de dériver une phrase acceptable.

Dans l'hypothèse de l'extraposition, par contre, c'est *d'autre* qui sort de $_{NP}$[*qui d'autre*], ce qui laisse $_{NP}$[*qui*] sur place; l'extraposition a lieu avant WH-MOVE.[86] (197) est correctement exclu puisque le COMP est suivi d'un verbe, non d'un NP, et apparaît donc, avec quelque formulation de QUE-QUI que ce soit, sous la forme *qui*, donnant (199) qui n'était pas dérivable dans l'analyse précédente.

Lorsque *d'autre* n'a pas été extraposé, le syntagme entier sera déplacé par WH-MOVE, ce qui donne (195); les phrases inacceptables

> (201) a. *Qui crois-tu que d'autre est venu?
> b. *Qui crois-tu qui d'autre est venu?

ne peuvent être dérivées.[87]

La séparation de *qui d'autre*, *quoi d'intéressant* sujet se fait donc en deux pas, de la façon suivante:

(202)

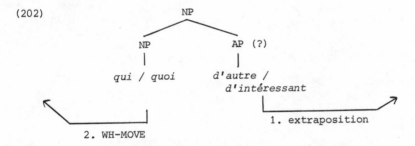

---

86. Cet ordre est le seul possible si la version absolue du principe A-sur-A est valable; avec l'ordre contraire, *qui* ne pourrait être extrait de *qui* de AP, et la construction séparée serait impossible à obtenir. Une extraposition de *de AP* après WH-MOVE est en effet interdite par la contrainte sur les déplacements à partir de COMP; envisageable si WH-MOVE est cyclique, et passant outre à la contrainte, cette extraposition donnerait

   (aw)   *Qui crois-tu d'intéressant qui viendra?

87. J'ai admis que l'extraposition place *d4autre* après le verbe, qu'il soit extrait d'un objet ou du sujet. Si au contraire elle plaçait *d'autre* seulement à côté du syntagme dont elle l'extrait, (201) a et b devraient être exclues par un mécanisme supplémentaire. Pour une approche possible, cf. la discussion de Q-POST, à laquelle ressemblerait cette extraposition, dans Kayne (1975b:45ss.). Après Q-POST, *tous* doit encore être déplacé; il y a cependant plus de positions possibles pour *tous* que pour *de AP*:

   (ax)   Les garçons ont _ été _ observés _ à l'entraînement.
   (ay)   Rien n'a ⁝ été ⁝ observé _ pendant l'entraînement.

Dans le cas des PP, cette analyse prédit correctement la différence d'acceptabilité entre (203) et (204) :

(203)   ??De combien a-t-il parlé de transformations?

(204)   De quoi a-t-il parlé d'autre?

Tandis que SCISS antépose le non-constituant *de combien* (cf. p.13), *de quoi*
est un constituant après l'extraposition, et la contrainte (51) sur les transformations de mouveemnt, assignant un moindre degré de grammaticalité à (203),
n'est pas en jeu dans le cas de (204). Quant à l'extraposition hors du PP
P qui/quoi/rien de AP, elle ne pose pas de problème par rapport au principe
A-sur-A puisque, comme le note Kayne (1975b:124), il n'y a pas de raison d'admettre que *de AP* soit dominé par le noeud PP. On voit également que cette analyse, tout en étant différente de celle de *combien*, a en commun avec celle-ci
le fait que rien n'est extraposé hors de COMP.[88] D'autre part, les différences
notées entre *combien de NP* et *qui de AP* ont confirmé le rapprochement fait
entre COMB-POST et STYL-INV, règles s'opposant à l'extraposition postulée pour
de AP.[89]

3.3.   SUBJ-CL-INV et COMB-POST

Soit les phrases (205), dont (206) dérive par NP-EXTRAP:

(205) a.   Combien de gens sont venus?
      b.   Combien de cruches ont été cassées?

---

88. Ce qui suggère que la même chose pourrait être vraie de l'extraposition
    des relatives dans

    (az)   Qui connaissez-vous qui n'aime pas Bergman?

    où, contrairement à Ross (1967), l'extraposition s'appliquerait avant WH-
    MOVE.

89. Il est peut-être nécessaire de distinguer *d'autre* des "vrais" AP introduits
    par *de*. *D'autre* peut et doit précéder d'autres séquences *de AP*:

    (ba)   Qui d'autre d'intéressant as-tu rencontré?
            *Qui d'intéressant d'autre as-tu rencontré?
            *Qui d'intéressant de compétent as-tu rencontré?

    L'extraposition présente le même paradigme:

    (bb)   Qui d'autre as-tu rencontré d'intéressant?
            *Qui d'intéressant as-tu rencontré d'autre?
            *Qui d'intéressant as-tu rencontré de compétent?

    mais elle ne doit déplacer qu'une des séquences, la dernière:

    (bc)   *Qui as-tu rencontré d'autre d'intéressant?

    Je laisse cette question ouverte.

(206) a.   Il est venu combien de gens?
      b.   Il a été cassé combien de cruches?

De (206), WH-MOVE dérive (207), et SCISS, (208):

(207) a.   Combien de gens est-il venu?
      b.   Combien de cruches a-t-il été cassé?

(208) a.   Combien est-il venu de gens?
      b.   Combien a-t-il été cassé de cruches?

D'autre part, à partir de (205), SUBJ-CL-INV donne (209),[90] dont l'application de COMB-POST dériverait (210):

(209) a.   ?Combien de gens sont-ils venus?
      b.   ?Combien de cruches ont-elles été cassées?

(210) a.   *Combien sont-ils venus de gens?
      b.   *Combien ont-elles été cassées de cruches?

(208) s'oppose à (207) par la position finale de *de NP*, mais il n'existe pas de phrases s'opposant d'une façon analogue à celles de (209). (210) pourrait cependant être dérivée de (209) par la formulation de COMB-POST (cf. (80)),[91] selon l'analyse suivante:

(211)   combien   de gens   sont-ils   venus   --> 1 Ø 3 2 4
              1   2   3   4

COMB-POST ne doit donc pas s'appliquer après SUBJ-CL-INV. En l'ordonnant avant celle-ci, on obtient la dérivation suivante:

(212)   combien de gens - ils   sont venus
                  (COMB-POST)
           combien   sont venus   de gens - ils
                (SUBJ-CL-INV inapplicable)

COMB-POST déplace le NP avec le clitique sujet qui lui est associé;[92] celui-ci n'est alors plus dans la position où il permet l'application de SUBJ-CL-INV.[93]

---

90. Cf. le § 1.2.3.

91. Et a fortiori par la formulation que je propose dans la suite.

92. Cf. Kayne (1972). Je ne mentionne la présence des clitiques dans les NP que lorsque cela est indispensable; d'une façon générale, les règles mentionnant NP s'appliquent à des NP, le sujet clitique compris.

93. La séquence *combien sont-ils venus* peut être grammaticale, dérivée de (be), analogue de (bd), par SUBJ-CL-INV:

(bd)   Ils sont venus sept cent.
(be)   Ils sont venus combien?
(bf)   combien - ils sont - venus -->   SUBJ-CL-INV

Il est effacé ensuite, se trouvant à droite de "son" NP, par SUBJ-CL-DEL.[94]

L'ordre (I) COMB-POST (II) SUBJ-CL-INV est un nouvel argument pour le rapprochement entre COMB-POST et STYL-INV, celle-ci précédant également SUBJ-CL-INV. En donnant les transformations étudiées jusqu'ici dans leur ordre, on localise COMB-POST et STYL-INV au même endroit:

(213)   DE AP-EXTRAP

          SCISS - WH-MOVE

          QUE-QUI

     STYL-INV - COMB-POST

          SUBJ-CL-INV

          SUBJ-CL-DEL

L'ordre de COMB-POST par rapport à SUBJ-CL-INV est le huitième point commun entre COMB-POST et STYL-INV. Sur la base de ces ressemblances, je formule l'hypothèse que l'identification des deux règles est une généralisation intéressante. Je continuerai donc l'examen de COMB-POST à l'intérieur de STYL-INV, en considérant qu'il n'y a qu'une seule règle, de la forme (85) que je répète ici:[95]

(85)   STYL-INV / COMB-POST

$$_S[\,^A_{+WH}\ NP\ X\ ] \longrightarrow {}_S[\,^A_{+WH}\ X\ NP\ ]$$

et je ne parlerai plus de la règle COMB-POST que pour évoquer l'hypothèse de départ selon laquelle il s'agissait d'une règle différente de toutes les autres.

3.4. SCISS, WH-MOVE et STYL-INV/COMB-POST: leur interaction

3.4.1. Dans la présentation de l'hypothèse des deux règles donnée au § 1., SCISS ne concernait que des non-sujets, tandis que COMB-POST s'appliquait aux syntagmes sujets *combien de NP*. Une telle analyse exprime la supposition qu'il n'y a pas de lien entre les deux règles, et plus particulièrement, qu'elles s'appliquent indépendamment l'une de l'autre. Au niveau de la formulation des règles, cette supposition se manifeste par le fait qu'aucune d'elles ne fait appel à une structure particulière résultant de l'application de l'autre. On

---

94. Cf. Kayne (1972:90s.)

95. Je retourne au § 3.6. à la seule différence observée entre STYL-INV et COMB-POST, conçues comme des règles distinctes, à savoir la restriction sur le choix des verbes dans le cas de la dernière.

s'attend alors à ce que STYL-INV puisse s'appliquer librement dans tous les cas où SCISS ou WH-MOVE, qui la précèdent, se sont appliquées.

Cette analyse conduit à une première difficulté dans les phrases simples. WH-MOVE, appliquée à un objet, donne (214), et à un objet, (215):

(214)   Combien de cheveux s'est-il arrachés?

(215)   Combien de dépliants ont été distribués?

STYL-INV ne peut pas distinguer les deux phrases; si elle s'applique à (215) pour donner (216), elle s'applique également à (214) et donne (217):

(216)   Combien ont été distribués de dépliants?

(217)   Combien s'est-il arraché de cheveux?

ce qui reviendrait à dire que (217) est dérivationnellement ambiguë, étant dérivée ou bien directement par SCISS ou, "par détour", par WH-MOVE et STYL-INV. De plus, la nécessité d'engendrer (216) exige ici la violation - inévitable dans ce cadre -[96] de la contrainte sur les déplacements à partir de COMP.

Un deuxième problème se pose dans les structures à enchâssées. Soit:

(218)   on dit $_S$[il s'est arraché combien de cheveux]

(219)   Combien de cheveux dit-on qu'il s'est arrachés?

(219), dérivée de (218) par WH-MOVE, correspond à la description structurale de STYL-INV qui en dériverait, en violant à nouveau la contrainte concernant COMP,

(220)   *Combien dit-on de cheveux qu'il s'est arrachés?

Des phrases inacceptables seront dérivées d'une façon analogue dans le cas du sujet:

(221)   Combien de délégués dit-il qui ont voté contre?

(222)   *Combien dit-il de délégués qui ont voté contre?

Il n'est pas possible de dire que *cheveux* et *délégués*, dans (220) et (222), se trouvent dans une position interdite aux NP - cf.

(223)   Combien ont dit de personnes que le président était malade?

- et il faut exclure ces phrases d'une autre manière.

---

96. A moins d'admettre que WH-MOVE est facultative pour les syntagmes marqués *wh* (le trait est nécessaire plus tard, pour déclencher STYL-INV), et que STYL-INV ne s'applique que lorsque WH-MOVE ne s'est pas appliquée au sujet *combien de NP*. V. au sujet de cette dernière supposition le § 3.4.2.

Les deux difficultés pourraient trouver une solution à l'aide d'un ordre approprié de WH-MOVE et de COMB-POST. Pour exclure (220) et (222), et pour éviter une double dérivation de (217), il suffirait d'ordonner la règle de postposition avant WH-MOVE: dans ce cas, les syntagmes quantifiés dans (220) et (222) ne se trouveraient pas encore en position initiale de la phrase principale au moment de COMB-POST; pour la même raison, (217) ne serait dérivable que par SCISS.

L'hypothèse que STYL-INV et COMB-POST sont la même règle interdit un tel ordre, STYL-INV devant suivre WH-MOVE (cf. le § 1.2.3.). Cette interdiction est confirmée par les faits suivants.

Premièrement, l'ordre (I) COMB-POST (II) WH-MOVE impliquerait que *combien de NP* ne se trouve pas (encore) dans une position - à savoir COMP - qui distingue le syntagme d'autres NP quantifiés, tels que *beaucoup de NP*, *(très) peu de NP*, etc. La postposition après *combien* laisserait prévoir celle après *beaucoup*, *(très) peu*, etc., et n'aurait alors rien à voir avec le caractère *wh* de *combien*. Or on a

$$(224) \quad \left\{ \begin{array}{l} \text{*Beaucoup} \\ \text{*Très peu} \\ \text{*Pas mal} \\ \text{*Trop} \end{array} \right\} \quad \left\{ \begin{array}{l} \text{sont venus} \\ \text{ont été vus} \end{array} \right\} \quad \text{de garçons}$$

ce qui limite la règle de postposition au quantifieur *wh*. Tandis que l'inacceptabilité de (224) n'exclut pas l'ordre (I) COMB-POST (II) WH-MOVE (l'acceptabilité aurait été un argument assez fort pour cet ordre), elle suggère néanmoins que c'est la position dans COMP du quantifieur qui déclenche la postposition.

Deuxièmement, on a vu au § 3.2. que QUE-QUI doit précéder COMB-POST, tout en suivant SCISS et WH-MOVE.

J'en conclus que l'ordre correct est (I) WH-MOVE (II) COMB-POST, et qu'il faut trouver ailleurs un moyen d'exclure (220) et (222) ainsi que la double dérivation de (217). Comme l'approche poursuivie jusqu'ici n'admettait pas de lien entre SCISS, WH-MOVE et STYL-INV/COMB-POST (l'ordre extrinsèque n'en étant pas un non plus), une hypothèse différente pourrait essayer d'exprimer des relations entre ces règles, et plus particulièrement des relations instaurant un ordre intrinsèque. J'examinerai cette hypothèse dans le paragraphe qui suit.

3.4.2. Les restrictions sur l'applicabilité de STYL-INV sont dues, dans l'hypothèse étudiée ici, à l'application préalable d'autres règles. Plus précisément, dans (217), (220) et (222), il était nécessaire d'empêcher l'application de

STYL-INV. Or, dans les trois phrases, WH-MOVE s'est déjà appliquée. D'autre part, il faut assurer que la postposition puisse s'effectuer dans (215), pour donner (216) - et c'est dans (215) qu'il n'est pas sûr que WH-MOVE se soit appliquée. Le fonctionnement souhaité de STYL-INV serait garanti par l'hypothèse que son application dépend de la structure dérivée par WH-MOVE (et, comme on verra, SCISS). Je formule cette hypothèse ainsi:

(225)   STYL-INV ne s'applique pas à un NP de la forme
          [*combien de NP*] déplacé en position initiale
          de phrase par WH-MOVE.

La question est alors celle de savoir comment on peut empêcher la règle de s'appliquer dans ces cas, et quelles sont les structures auxquelles elle s'applique.

Retournant aux phrases simples, on voit qu'une suite *combien de NP* qui n'aurait pas la structure $_{NP}$[*combien de NP*] résulte de l'application de SCISS à un sujet quantifié, donnant [*combien*] $_{NP}$[*de NP*]. Autrement dit, une séquence initiale *combien de NP* peut, à un certain moment de la dérivation, se trouver ou bien entièrement dans COMP (à la suite de WH-MOVE), ou bien partiellement dans COMP (*combien* à la suite de SCISS) et partiellement dehors (*de NP*); ce serait dans ce cas-ci que s'applique STYL-INV, exclue par là dans les cas indésirables. Plus précisément, la règle ne dissociera jamais la séquence *combien de NP* quand celle-ci est extraite d'une enchâssée; ni (220) ni (222) ne seront donc dérivées. La règle ne s'applique pas non plus aux syntagmes d'origine postverbale, puisque ceux-ci se trouvent également en bloc dans COMP, et la double dérivation de (217) est ainsi exclue.

Cette analyse, motivée par la nécessité d'exclure certaines dérivations, est intéressante à deux points de vue. D'une part, elle est parfaitement compatible avec l'hypothèse que STYL-INV et COMB-POST ne sont qu'une seule règle. STYL-INV s'applique dans le cas général, après WH-MOVE, à des séquences analysables comme

(226) $\overset{A}{+WH}$ NP   *X*

A se trouve donc nécessairement dans COMP, mais *NP*, le sujet, ne s'y trouve pas. D'autre part, on constate que l'identification de STYL-INV et COMB-POST prédit précisément les faits que je viens d'examiner, en excluant l'application indésirable à $_{COMP}$[*combien de NP*] : la description structurale ne prévoit pas de préposition (ni aucun autre élément) entre le premier et le second terme; elle n'est donc satisfaite qu'à la suite de l'extraction de *combien*, lorsque *de NP* est seul dominé par NP. Il est par conséquent superflu de faire entrer dans la règle de postposition la configuration particulière qui la permet, en écrivant

(227) $_{\text{COMP}}$[*combien*] *de NP* ...

L'identification des deux règles permet de ne rien ajouter à la description structurale (226), et en particulier de ne pas mentionner le noeud COMP, ce qui, en même temps, évite le recours, autrement nécessaire, à la parenthétisation étiquetée dans la règle.

Le fonctionnement de la règle, tel que je viens de le décrire, présuppose qu'au moment de son application *de NP* est encore dominé par le noeud NP, donc que la structure est au moins $_{\text{NP}}$[... *de NP* ...] . Cette structure n'est disponible que s'il est exclu, au moins aussi longtemps que STYL-INV ne s'est pas appliquée, de "simplifier" la structure $_{\text{NP}}$[$_{\text{PP}}$[*de NP*]] en coupant le noeud NP supérieur au moyen d'une règle d'"élagage" ("pruning").[97] Il faut donc, au cas où un principe d'élagage serait nécessaire dans la théorie de la grammaire, qu'il soit restreint de façon à ne pas détruire, dans le cas considéré ici, de la structure indispensable pour l'application correcte d'une règle ultérieure.[98]

On a vu que l'hypothèse que STYL-INV et COMB-POST ne sont qu'une seule règle assure exactement le fonctionnement souhaitable de cette dernière. L'hypothèse exclut l'application de STYL-INV à des NP *combien de NP* antéposés par WH-MOVE et établit un ordre intrinsèque entre (I) SCISS et (II) STYL-INV. Elle est en accord avec la contrainte sur les déplacements à partir de COMP,[99] et elle présuppose que SCISS s'applique aussi bien à des sujets qu'à des syntagmes postverbaux, ce qui est en fait, étant donné sa ressemblance avec WH-MOVE,

---

97. L'idée que des règles (ou plutôt un principe général) d'élagage pourraient être nécessaires se base sur l'observation qu'autrement la structure dérivée pourrait devenir trop complexe à la suite de transformations enlevant du matériel; cf. Ross (1967;1968:24ss.).

98. Dans le cas de *combien*, à supposer que NP soit un noeud qui puisse être supprimé par élagage dans certains cas, une telle suppression pourrait être exclue en principe par la combinaison des deux hypothèses suivantes: a) Uniquement des noeuds qui ne dominent qu'un autre noeud (ici, PP) peuvent être élagués; b) après l'extraction de *combien*, NP continue à dominer plus d'un noeud (pour a), cf. Ross (1967)). Je n'examinerai pas cette question ici.

99. Non seulement elle n'a jamais besoin de violer la contrainte, mais elle ne peut pas la violer. La même chose est vraie de l'extraction de *de AP* et peut-être de REL-EXTRAP.

59

une supposition plus naturelle que la supposition initiale qui limitait SCISS
aux non-sujets. Le schéma d'extraction (181), proposé pour l'antéposition de
combien hors d'une enchâssée où il faisait partie du sujet, sera donc le schéma
général de l'application de SCISS qui, elle, doit être reformulée en conséquence. Avant de passer, au § 4., à la reformulation elle-même, je discuterai
quelques conséquences de l'application de SCISS aux sujets.

3.5. Conséquences de l'application de SCISS aux syntagmes sujets

3.5.1. Du point de vue de la succession linéaire, l'application de SCISS aux
syntagmes sujets ne change pas la séquence *combien de NP*. Evoquant ce fait à
propos de

> (228)   Combien d'hommes n'auront jamais la moindre idée de
>   l'héroisme surnaturel!

Milner (1974:94) remarque:

> "Si l'on admet que *combien* peut être extrait seul, elle [la phrase
> (228) - H.-G. O.] admet deux analyses:
>
> $_{COMP}$[combien] - $\bar{\bar{N}}$[d'hommes] - n'auront jamais etc.
>
> $_{COMP}$[combien d'hommes]   - n'auront jamais etc.
>
> Or la première de ces analyses, qui institue une coupe syntaxique
> majeure entre *combien* et *d'hommes* est en elle-même très peu plau-
> sible: notamment rien dans l'intonation ne vient la confirmer.
> D'autre part, d'un point de vue plus général, il est peu vraisem-
> blable qu'existent dans les langues de telles "ambiguités struc-
> turales", imperceptibles tant dans la forme que dans l'interpréta-
> tion sémantique."

On constate cependant que dans les cas clairs d'application de WH-MOVE, il ne
résulte pas de "coupe phonologique majeure", correspondant à la "coupe syntaxique majeure" qu'admet Milner, du placement des éléments *wh* dans COMP:

> (229) a.   *Qui # a sonné?
>   b.   *Pour qui # Marie a-t-elle acheté la bouillotte?
>   c.   *Où # as-tu trouvé ce splendide phono?
>   d.   *Combien d'étoiles # sont visibles à l'oeil nu?

en particulier, dans le cas de *que*, la cliticisation est possible, bien qu'impossible avec, par exemple, des incises:

> (230)   Qu'offrira-t-il à Mathilde?
>
> (231)   *Qu'à ton avis, offrira-t-il à Mathilde?

Je considère que, en l'absence d'une analyse phonologique de la structure

$_{\overline{S}}$[COMP S] en français, qui reste à faire, "l'impossibilité d'extraire Q d'un sujet préverbal" (Milner 1974:94)[100] ne peut de toute façon pas être basée sur l'absence d'une intonation particulière, et que la frontière entre COMP et S ne donne d'une façon générale[101] pas lieu à des processus phonologiques qui permettraient de vérifier l'appartenance d'un élément à l'un ou l'autre des deux constituants. Dans le cas de *combien*, on ne voit pas de raison qui entraînerait, à partir des deux structures différentes du sujet *combien de NP*, des propriétés phonologiques différentes.

Sur un plan général, s'il semble bien que de telles ambiguités structurales existent, elles n'excluent pas pour autant une contrainte éventuelle interdisant des règles dont le seul effet serait un réarrangement de la configuration des éléments, sans que des déplacements soient jamais observables en structure de surface. En effet, dans le cas général, SCISS modifie la séquence terminale de l'indicateur syntagmatique; le déplacement non observable à la surface de *combien* à partir du sujet n'est qu'un cas spécial d'application de la règle.[102]

3.5.2. L'applicabilité de SCISS aux syntagmes sujets, provoquant l'extraction de *combien*, est un cas clair de violation de la condition du sujet, proposée par Chomsky (1971;1973:249), et qui postule que, dans une structure de la forme

(232)   ... X ... [$_\alpha$ ... Y ...] ...

aucune règle ne peut mettre en jeu X, Y si α est un syntagme sujet contenant proprement Y.[103] La condition semble donc douteuse, du moins en ce qui concerne le français. Il est cependant intéressant de rappeler que les phrases impliquant clairement l'application de SCISS à un syntagme sujet sont moins

---

100. J'ai moi-même admis pendant un moment cette impossibilité pour *combien* interrogatif (dans Obenauer (1974)).

101. Alan Prince m'a rappelé qu'en anglais pas moins qu'en français, des phénomènes de cliticisation apparaissent par-delà la frontière entre COMP et S:

    (bg)   Who'd be able to do it?
                Where's he gone?

102. Chomsky (1971;1973:254) fait allusion à une contrainte éventuelle du genre mentionné sur les règles cycliques. - Milner (1975:114) ne fait pas la différence entre les règles qui seraient concernées par cette contrainte et celles qui, dans certains cas seulement, ne changent pas l'ordre linéaire.

103. Chomsky précise plus loin la condition d'une façon qui ne me concerne pas ici.

généralement acceptées que les cas d'application à un syntagme non-sujet; cf. les phrases (90) et (81b) que je répète ici:

(90)   ?Combien de familles françaises ont-elles plus de deux voitures?

(81) b.   ?Combien se sont intéressés de députés au débat?

(je laisse de côté pour l'instant le rôle supplémentaire que joue le verbe pour l'acceptabilité des phrases du type (81), et auquel je reviendrai au § 3.5.4.). On pourrait donc essayer de relier cette observation à la violation d'une condition du sujet reformulée de manière à ne pas exclure (90) et (81) tout en les caractérisant comme moins faciles à accepter que les phrases analogues dans lesquelles SCISS ne s'est pas appliquée; la condition devrait en plus tenir compte du fait que les jugements des locuteurs ne sont pas homogènes.[104]

Le cas de *combien* n'est pas le seul en français qui mette en doute la formulation de Chomsky (1971). Milner (1975:117) a noté que l'extraction de *dont* constituait un contre-exemple à une condition conçue comme interdiction absolue. Contrairement à *combien*, *dont* est même parfaitement acceptable quand il est extrait du sujet; cf. (233) donnant (234):[105]

(233) a.   voilà le chien $_S$[COMP $_{NP}$[le propriétaire $_{PP}$[duquel]]
            a disparu]

      b.   elle m'a parlé d'un disque $_S$[COMP $_{NP}$[la pochette $_{PP}$[duquel]] serait sensationnelle]

(234) a.   Voilà le chien dont le propriétaire a disparu.
      b.   Elle m'a parlé d'un disque dont la pochette serait sensationnelle.

---

104. Il ne semble pas que la condition soit correctement formulée pour l'anglais. D'abord, elle prédit à tort que (bh) est inacceptable ((bh) est l'exemple (4.252) de Ross (1967)):

    (bh)   Of which cars were the hoods damaged by the explosion?

si PASSIF est ordonnée avant WH-MOVE. PASSIF doit précéder WH-MOVE pour donner

    (bi)   Who was he arrested by?

mais les deux règles pourraient être non-ordonnées l'une par rapport à l'autre (cf. Chomsky (1971;1973:280)). Même dans ce cas, où (bh) pourrait être obtenue malgré la condition par l'ordre (I) WH-MOVE (II) PASSIF, (bj), variante d'une phrase de Bresnan (1975:84,n. 11), devrait être clairement inacceptable, ce qu'elle n'est pas; l'interdiction absolue semble donc inadéquate:

    (bj)   ?How many do you think of those old containers are left?

105. Au moyen de WH-MOVE et DONT-FORM (cf. Kayne (1975a:44)).

62

La condition proposée par Chomsky ne peut donc être maintenue telle quelle.[106]
Il ne suffirait pas non plus de simplement la déclarer plus ou moins obligatoire
selon le locuteur, puisque ceux qui refusent SCISS dans le cas de *combien de*
NP sujet admettent *dont* extrait du NP sujet. Il est donc indispensable de rendre
compte de cette différence pour arriver à une meilleure explication des faits.
Le contraste est encore plus net lorsque *combien* est extrait d'une phrase enchâssée dont il quantifie le sujet (cf. les phrases (178)) :

> (235)   ??Combien crois-tu que de députés seraient concernés par cette
>   décision?

> (236)   Les circonscriptions dont il dit que les députés seraient
>   concernés ...

En cherchant ce qui distingue les deux extractions on constate que les structures qui restent après leur application ne sont pas les mêmes. Dans (236),
l'extraction de *dont* laisse sur place le NP *les députés*; ce qui reste dans (235)
est un NP dominant $_{PP}$[*de députés*]. J'ai noté plus haut (cf. le § 1.3.) que
les NP de ce genre étaient possibles comme objets dans certaines conditions,
mais pas comme sujets. Le NP *les députés* par contre, dans (236), a la forme
normale d'un sujet. Cette observation suggère que le statut de ce qui reste du
sujet à la suite de l'extraction, plus précisément son caractère de "sujet possible",[107] est un point important; de ce point de vue, (236) ressemble, malgré l'extraction, à (237) plutôt qu'à (235):

> (237)   L'endroit où il dit que les députés se sont cachés ...

Un deuxième point pertinent est le fait que, comme les NP en question du § 1.3.,
le *de NP* sujet laissé derrière par l'extraction de *combien* est possible en po-

---

106. Milner (1975:117) conclut par contre que

"il faut donc interpréter la contrainte de telle manière qu'elle soit
toujours respectée, sauf à mentionner explicitement le contraire; autrement dit, le fait que la scission ne puisse affecter le sujet ne réclame
aucune condition particulière et découle naturellement de la position,
dans ce groupe, de l'élément déplacé. Qu'en revanche, dans certains cas
[du genre de (90) - H.-G. O.] la scission puisse, dans les mêmes conditions, se produire, cela réclame une mention explicite, autrement dit
une complication de la grammaire - ce qui va de pair avec le caractère
légèrement déviant des phrases obtenues."

Le cas de *dont* me semble montrer que la contrainte n'est pas "toujours respectée"; de plus, les phrases sont bonnes malgré la "mention" nécessaire.

107. Kuno (1973:380) se sert d'une façon cruciale de la notion de syntagme "complet" pour formuler sa "contrainte sur les sujets incomplets", qui doit
également rendre compte de l'effet d'extractions à partir du sujet (NP et
S). Je ne sais pas encore si cette notion est adéquate pour les cas que
j'examine ici.

sition postverbale, où il peut être déplacé par STYL-INV:

(238)   Combien crois-tu que seraient concernés de députés par
              cette décision?

Si l'hypothèse que *de NP* est déplacé de la position de sujet après l'application de SCISS est correcte, il s'ensuit qu'une contrainte sur le sujet ne peut
être formulée comme condition à l'application des règles d'extraction.[108] Même
s'il était possible de formuler une condition sur l'extraction elle-même qui
permettrait de dériver (234) et (236), elle ne pourrait distinguer - à moins
d'être de caractère global - (235) de (238). Par contre, un moyen simple d'obtenir le résultat souhaité est le suivant: le déplacement, à partir du sujet,
de *dont* comme de *combien* n'est soumis à aucune restriction; un mécanisme ultérieur, peut-être de surface, marque comme plus ou moins déviants, selon la position dans la phrase, les cas où un NP sujet de forme "non standard" résulte
de l'extraction. (234) et (236) passent par ce mécanisme sans être marquées;
(235) est marquée comme assez, (238) comme assez peu déviante, avec des variations selon le locuteur, la différence entre les deux restant stable.[109]

Que l'extraction doive être permise est également suggéré par la différence
d'acceptabilité entre (239) et (240):

(239) a. ??Combien crois-tu que de gosses traînent dans le coin?
      b. ??Combien veux-tu que de députés se sentent concernés par cela?

(240) a. *Je ne crois pas que de gosses traînent dans le coin.
      b. *Je ne veux pas que de députés se sentent concernés par cela.

(cf. aussi l'inacceptabilité de (110)-(111)). Les phrases résultant de l'application de SCISS à des sujets ne ressemblent qu'approximativement, et non exactement, aux autres cas de *de NP*; en particulier, elles sont souvent meilleures.
Ainsi, on trouve également un contraste entre (241) et (242):

(241)   Combien crois-tu qu'ont été vendus de tapis?

(242)   ??Le jour où ont été beaucoup vendus de tapis ...

---

108. Bien que la différence d'acceptabilité selon la position dans la phrase res-
     semble aux faits invoqués pour motiver la "contrainte sur les constituants
     incomplets en position non-finale de phrase" de Kuno (1973:381), il s'agit
     là encore d'une condition à l'application de règles de mouvement. La géné-
     ralisation proposée de cette contrainte est formulée d'une façon plus ambi-
     guë: "Incomplete phrases or clauses cannot appear in clause initial posi-
     tion" (ibid.:385). Comme le montre Bresnan (1975), des faits comparables à
     ceux que mentionne Kuno résultent dans le cas de règles d'effacement.

109. Il reste entendu que (235) et (238) ne sont pas acceptées par les locuteurs
     qui refusent les *de NP* déplacés par COMB-POST/STYL-INV.

Contrairement à (241), le *de NP* est douteux en position de non-objet dans (242), où, postposé par STYL-INV - cf.

> (243)   Le jour où ont été vendus beaucoup de tapis ...

- il est quantifié par un *beaucoup* séparé de lui. Ce *de NP* ne semble possible qu'en position de "vrai objet"; cf.

> (244) a.   Le jour où nous avons beaucoup vendu de tapis ...
>   b.   Le jour où il a été beaucoup vendu de tapis ...

(cf. la discussion du caractère formel de STYL-INV vs. NP-EXTRAP au § 2.6.)

Je conclus qu'une condition du sujet ne peut être formulée comme interdiction absolue de l'application de règles de déplacement ni comme condition plus ou moins ferme sur leur application, mais qu'elle doit tenir compte de la forme de ce qui n'est pas déplacé et de sa position ultérieure dans la phrase. Dans une telle approche, il semble possible de faire découler le statut particulier de (90) comme de (81) du fait que *de NP*, tout en étant un NP après l'extraction (cf. les considérations relatives à la question de l'"élagage", p. 58), n'est pas un sujet normal.[110] Quant à la notion de normal, le contraste observé entre *dont* et *combien* suggère qu'elle doit inclure des considérations de structure du NP.

3.5.3. Le fait que SCISS s'applique à des syntagmes sujets concerne également la plausibilité de l'hypothèse "adverbialiste" présentée au § 1.3.2. Rappelons qu'elle prévoyait un mécanisme non basique qui devait déterminer les restrictions de cooccurrence entre les NP sans article, introduits par *de*, et les "adverbes" du type *peu, assez, combien* (y compris la négation) de façon à rendre compte en particulier des phrases (110)-(113), que je répète ici, ainsi que de (245):

> (110)   *De murs ont été assez barbouillés.
>
> (111)   *De livres sont pas mal sur la table.
>
> (112)   On n'a pas trouvé de traces.
>
> (113)   *De traces n'ont pas été trouvées.
>
> (245)   Combien a-t-il cueilli de bananes?

---

110. D'autres facteurs que la seule structure $_{NP}[\ _{PP}[\ de\ NP\ ]]$ semblent jouer un rôle pour l'acceptabilité de ces phrases. Ainsi, certains locuteurs acceptant aussi bien (90) que (81) trouvent que la construction est meilleure avec l'inversion du clitique sujet qu'avec celle de *de NP*. Pour interpréter ce fait, d'autres exemples du type de (s)(n.43) doivent être étudiés.

Commençons par remarquer que, en plus de l'intérêt que pourrait présenter le fait de permettre la formulation d'une contrainte générale sur l'extraction des éléments prénominaux, l'hypothèse adverbialiste semble offrir une explication pour les faits suivants. Tandis que la présence d'un quantifieur dans l'objet n'exclut en général pas celle d'un autre quantifieur en position d'adverbe - cf.

(246) a. Le douanier a pas mal fouillé combien de valises?
b. Le critique a beaucoup aimé combien de films?
c. Le candidat aurait trop agacé combien de membres du jury?

(247) a. Combien de valises le douanier a-t-il pas mal fouillées?
b. Combien de films le critique a-t-il beaucoup aimés?
c. Combien de membres du jury le candidat aurait-il trop agacés?

la construction séparée n'est pas compatible avec la présence d'un quantifieur adverbial de ce type:

(248) a. Combien le douanier a-t-il $\left\{ \begin{array}{c} \emptyset \\ \text{*pas mal} \end{array} \right\}$ fouillé de valises?

b. Combien le critique a-t-il $\left\{ \begin{array}{c} \emptyset \\ \text{*beaucoup} \end{array} \right\}$ aimé de films?

c. Combien le candidat aurait-il $\left\{ \begin{array}{c} \emptyset \\ \text{*trop} \end{array} \right\}$ agacé de membres du jury?

La construction séparée résulte, dans le cas de *combien*, et selon l'hypothèse adverbialiste, de l'application de WH-MOVE à *combien* quantifieur adverbial. De la supposition qu'il n'y a qu'une telle position de disponible par verbe découlerait alors que les structures suivantes, censées dans l'hypothèse adverbialiste être sous-jacentes aux phrases inacceptables de (248), ne sont pas engendrables, ce qui exclurait *pas mal*, *beaucoup*, *trop* dans (248):

(249) a. le douanier a combien pas mal fouillé de valises
b. le critique a combien beaucoup aimé de films
c. le candidat a combien trop agacé de membres du jury [111]

---

111. L'impossibilité du quantifieur adverbial non-*wh* dans (248) est d'autant plus intéressante que d'autres adverbes y sont possibles:

(bk)   Combien le douanier a-t-il soigneusement fouillé de valises?
Combien le critique a-t-il énormément aimé de films?
Combien le candidat aurait-il voluptueusement agacé de membres du jury?

cela malgré le fait que ces autres adverbes (pour une classification, v. Schlyter (1972)) ne sont pas compatibles, en structure de surface, avec les quantifieurs adverbiaux:

Cette analyse établit donc un rapport significatif, a priori plausible, entre le *combien* séparé et la position du quantifieur adverbial. Comme le montrent les exemples suivants, ce rapport n'est cependant pas pertinent pour l'inacceptabilité de la construction séparée:

(250) a. De quoi le ministre a-t-il $\left\{\begin{array}{l} \emptyset \\ \text{*peu} \end{array}\right\}$ parlé de neuf?

b. Qui cette femme a-t-elle $\left\{\begin{array}{l} \emptyset \\ \text{*beaucoup} \end{array}\right\}$ aimé d'autre?

c. Qui le candidat aurait-il $\left\{\begin{array}{l} \emptyset \\ \text{*trop} \end{array}\right\}$ agacé de susceptible?

Les adverbes sont impossibles malgré le fait qu'ils ne sont pas "de trop" par rapport à un autre adverbe comme ils semblaient l'être dans les phrases inacceptables de (248); néanmoins ils paraissent impossibles pour une raison semblable, les phrases (251) et (252) étant bonnes comme (246) et (247):

(251) a. Le ministre a peu parlé de quoi de neuf?
b. Cette femme a beaucoup aimé qui d'autre?
c. Le candidat aurait trop agacé qui de susceptible?

(252) a. De quoi de neuf le ministre a-t-il peu parlé?
b. Qui d'autre cette femme a-t-elle beaucoup aimé?
c. Qui de susceptible le candidat aurait-il trop agacé? [112]

S'il n'est pas possible d'exclure les phrases inacceptables de (250) à partir des structures sous-jacentes

(253) a. le ministre a peu parlé de quoi de neuf
etc.

- et on ne voit pas de raison d'exclure (253) -, et si les faits de (248) et de (250) sont parallèles, les phrases mauvaises de (248) ne le sont pas parce que *combien* y serait un adverbe. Quelle qu'en soit la raison - et je laisserai la question ouverte - l'hypothèse adverbialiste ne la donne pas.

Le fait que le caractère adverbial ne soit pas en jeu dans (248) et (250) n'est évidemment pas un argument contre cette hypothèse. Il y a cependant un

---

(bl) *Le douanier a beaucoup soigneusement fouillé de valises.
*Le critique a pas mal énormément aimé de films.

(bm) *Le douanier a soigneusement beaucoup fouillé de valises.
*Le critique a énormément pas mal aimé de films.

Pour *combien* en position d'adverbe, cf. les phrases (109).

112. Cf. également les phrases, parallèles à (bk),

(bn) De quoi le ministre a-t-il longuement parlé de neuf?
Qui cette femme a-t-elle profondément aimé d'autre?
Qui le candidat aurait-il voluptueusement agacé de susceptible?

problème que posent les structures du type (254), résultant de l'application
de SCISS à des syntagmes sujets:

(254) $_{COMP}[$ *combien* $]$ X $_{NP}[$ *de NP* $]$

Le mécanisme déterminant les restrictions de cooccurrence exclurait, de la même
façon que (110), (111) et (113), ces structures-là, comme

(90)   ?Combien de familles françaises ont-elles plus de deux
          voitures?

(81)   ?Combien se sont intéressés de députés au débat?

puisque, dans les deux cas, *combien* est séparé de "son" NP non-objet. On pourrait essayer de rendre l'hypothèse de l'adverbe *combien* compatible avec les
faits concernant le sujet, de la façon suivante: au lieu d'interdire les NP
en question en position de sujet superficiel, le mécanisme les interdirait
dans les cas où ils précèdent "leur" adverbe en structure de surface. Ce procédé permettrait *combien* avec un sujet comme avec un objet - (90) et (81) seraient possibles simplement à cause de WH-MOVE, s'appliquant ici, mais pas
dans le cas des autres quantifieurs - ainsi que (112), tout en excluant toujours (110), (111) et (113). Ce procédé, qui met donc en jeu la suite linéaire
au lieu de la notion de sujet ou objet, permettra ou exclura correctement aussi
les phrases avec des adverbes quantifiant des NP enchâssés:

(255) a.   Combien veux-tu qu'on invite de gens?   113
      b. ??Combien veux-tu que de gens viennent chez toi?
(256) a.   *Je veux beaucoup qu'on invite de gens.¹¹⁴
      b.   *Je veux beaucoup que de gens viennent chez moi.

mais à condition seulement que le mécanisme s'applique aux phrases enchâssées
avant la montée de *combien* (et, bien sûr, après l'application de WH-MOVE¹¹⁵)

Si une telle analyse s'avérait possible pour *assez, beaucoup, combien*, etc.,
elle ne le serait cependant pas pour la négation, où la distinction entre le
sujet et l'objet est indispensable:

(257)   Je ne veux pas qu'on invite de gens.

---

113. Aux phrases ainsi permises s'appliquera évidemment une "condition du sujet"
     dans le sens du § 3.5.2.

114. Cette phrase est refusée même par les locuteurs qui acceptent

     (bo)   ?Je veux tous que tu les invites.

115. Ce qui n'est possible que si WH-MOVE opère par étapes successives.

(258)   *Je ne veux pas que de gens viennent chez moi.

Il paraît inévitable de choisir entre une généralisation portant sur les adverbes (sans *combien*) et la négation et une autre généralisation portant sur
tous les adverbes, y compris *combien*, à l'exclusion de la négation. Cette dernière possibilité pourrait être plus intéressante, car elle permettrait de
maintenir la condition de non-extraction des éléments introducteurs de NP d'une
façon uniforme pour tous les quantifieurs. Elle a aussi l'avantage d'avoir un
domaine d'application homogène, tandis que la première généralisation devrait
distinguer un domaine pour les adverbes (phrases simples) et un autre pour la
négation (constructions à enchâssement).

Pourtant, même si on adopte le mécanisme tel qu'il est nécessaire pour rendre compte de (255) et (256), il paraît impossible d'engendrer

(259)   ?A combien a-t-elle souri de garçons?

à partir d'une structure comportant *combien* comme adverbe. Il ne resterait que
d'"enrichir" l'hypothèse adverbialiste de l'affirmation que certains adverbes
- les quantifieurs - peuvent prendre la forme *P Adv*. Même cette affirmation
arbitraire ne peut pas expliquer le contraste entre (259) et

(260)   *Elles ont à beaucoup écrit d'amis.

La précision nécessaire que le seul adverbe qui puisse prendre cette forme est
combien est à nouveau totalement ad hoc et montre que l'apparente généralisation sur les adverbes quantifieurs n'en est pas une.

L'hypothèse de l'extraction de *combien* hors du syntagme quantifié au moyen
de SCISS n'est pas concernée par les problèmes qui se posent à l'hypothèse adverbialiste. Elle n'a pas besoin du mécanisme que je viens d'examiner et offre
une explication pour (259) (cf. le § 1.1.3.). J'en conclus qu'elle est préfé-
rable à l'hypothèse adverbialiste, que le parallélisme entre les quantifieurs
séparables et les adverbes doit être exprimé par d'autres moyens (à condition
qu'il soit souhaitable de l'exprimer), et que l'interdiction d'extraction des
éléments prénominaux n'est pas valable pour *combien*.

3.5.4. L'identification de COMB-POST avec STYL-INV, proposée au § 3.3., est
justifiée par la considération qu'il n'est pas intéressant d'admettre l'existence de deux règles distinctes qui se ressemblent dans toutes leurs propriétés; elle se justifie également si la généralisation est confirmée par le fait
qu'elle conduit à des prédictions correctes. Il semble en effet, d'une part,

que les huit points communs constatés entre les deux règles concernent toutes
leurs propriétés caractéristiques; d'autre part, on a vu que la description
structurale de STYL-INV prédisait correctement l'application souhaitable de
COMB-POST, en exigeant l'application préalable de SCISS et en excluant celle
de WH-MOVE. La seule différence qui semble encore distinguer la postposition
de *de NP* de STYL-INV et qui n'est pas expliquée indépendamment - comme les
faits impliquant la "condition du sujet" - concerne les variations d'acceptabilité en fonction du verbe.

J'ai mentionné au § 1.2.4. d'une façon très approximative quelques traits
des verbes "admis" et surtout une certaine ressemblance avec les restrictions
sur les verbes dans la construction dérivée par NP-EXTRAP. Cette ressemblance
suggérerait elle seule qu'il est peut-être faux d'attribuer à COMB-POST des
restrictions spécifiques, et qu'il convient plutôt de formuler une contrainte
indépendante de cette règle. La ressemblance avec le cas de NP-EXTRAP suggère
une formulation en termes de "déplacement du sujet de gauche à droite". Tandis
qu'un rapport entre la position normale du sujet et une position à droite est
possible, il serait probablement plus correct de ne pas se servir de la notion
de déplacement du sujet.

En effet, une telle formulation ne permettrait pas d'exprimer la ressemblance - éventuellement même identité - de la restriction sur COMB-POST avec
celle sur l'extraposition de *de AP* dans le cas du sujet, notée au § 3.2.2.[116]
Cette ressemblance semble aller beaucoup plus loin (cf. (189) et (190)), mais
contrairement à celle concernant NP-EXTRAP, elle n'implique pas le déplacement
du sujet, ni celui d'un NP non plus. D'autre part, ni dans le cas de *(P) combien* séparé d'un NP quantifié en position postverbale ni dans celui de *(P) qui*,
(P) quoi d'origine postverbale et séparé de "son" AP il n'y a de restriction
sur les verbes, ce qui nous conduit à formuler la contrainte en termes de sujet. Comme le NP se trouve à droite dans le cas de *combien*, mais à gauche dans
le cas de *qui*, *quoi*, sa position respective ne semble pas pertinente à condition qu'il y ait séparation. De plus, le caractère *wh*, ou la position dans COMP
d'un des éléments séparés, ne sont pas en jeu, comme le montrent les exemples

(261)   Personne $\begin{cases} \text{n'est venu} \\ \text{*?n'a éternué} \\ \text{*?n'a bronzé} \\ \text{*?n'a vomi} \end{cases}$ d'autre

---

116. Ressemblance qui ne serait pas expliquée par une analyse parallèle à celle
de *combien* qui d'ailleurs, comme j'ai essayé de le montrer, ne serait pas
adéquate pour *qui/quoi de AP*.

(262) Rien ⎧ ne s'est passé ⎫ d'autre
            ⎪ n'a été proposé ⎪
            ⎨ *?n'a augmenté ⎬
            ⎪ *?n'a explosé ⎪
            ⎪ *?n'a flanché ⎪
            ⎩ *?n'a résonné ⎭

Je formule donc la restriction sur les verbes ainsi:

(263)   Dans la structure

         $_S$[A ... V ... B ...]

         où A et B sont les parties séparées d'un NP sujet, l'accep-
         tabilité varie en fonction de certains traits de V.

Les précisions et modifications qu'exige cette formulation très vague - et
qui n'a pas la prétention d'expliquer quoi que ce soit - ne sont pas importantes pour mon propos. C'est de l'existence et non de la formulation précise de
la contrainte qu'il s'agit à ce stade de l'étude. Je me borne ici à constater
que la plausibilité d'une contrainte qui n'est pas spécifique à COMB-POST,
mais d'un caractère plus général, supprime le seul point qui semblait encore
justifier une distinction entre celle-ci et STYL-INV.

3.6.   La règle STYL-INV: Conclusion

En ce qui concerne la postposition de *de NP*, l'analyse de la construction *combien de NP* est arrivée au point où elle justifie et exige l'intégration de
COMB-POST dans STYL-INV.

Le NP sujet *combien de NP* est soumis, après le déplacement de *combien* dans
COMP, à STYL-INV, règle très générale qui partage toutes ses caractéristiques
avec la règle COMB-POST admise spécialement pour les besoins de la démonstra-
tion qui précède.

STYL-INV, qui suit WH-MOVE, suit également CL-PL, comme le montre le contraste entre (264) et (265) et, en ce qui concerne plus particulièrement *combien*, celui entre (266) et (267):

(264) a.   Le jour où viendront trois calenders chez toi tu seras
            récompensé.
      b.   Il cherche un appartement dans lequel puissent habiter
            quinze jeunes gorilles.
(265) a.   *Le jour où en viendront trois chez toi tu seras récompensé.
      b.   *Il cherche un appartement dans lequel puissent en habiter
            quinze.
(266) a.   Combien ont été arrêtés d'anciens membres du G.L.U.P.?
      b.   Il ne sait pas combien se sont absentés d'élèves.

(267) a. ＊Combien en ont été arrêtés?
     b. ＊Il ne sait pas combien s'en sont absentés.

STYL-INV est donc postcyclique (et peut-être une règle "housekeeping" dans le
sens de Bach (1971); de ce fait, elle pourrait ne pas être soumise à la condition de cyclicité stricte, généralisation du principe de prohibition d'insertion (cf. Chomsky (1971;1973:243,n. 21); je laisse cette question ouverte).

Les structures résultant de l'application de STYL-INV sont soumises à la
restriction (263) sur les verbes, indépendante de la règle. STYL-INV elle-même
continue à poser en particulier le problème de la position précise de l'élément postposé (cf. le § 1.2.4.); la position de ce NP, qui semble dépendre,
entre autres, du degré de cohésion entre le verbe et les compléments, peut,
dans certaines conditions encore assez obscures, précéder des éléments de VP.
Elle n'est pas, d'une façon générale, une position de fin de phrase, ce qui
exige la suppression des crochets dans (85);[117] elle semble suivre une variable plutôt que le verbe, ce qui justifie la suppression de V effectuée au pas-
sage de la formulation de COMB-POST (cf. (80)) à celle de STYL-INV (v. (85)).
La formulation serait alors

(268)   STYL-INV (facultative)

$$\begin{matrix} A \\ +wh \\ 1 \end{matrix} \quad \begin{matrix} NP \\ \\ 2 \end{matrix} \quad \begin{matrix} X \\ \\ 3 \end{matrix} \quad \begin{matrix} Y \\ \\ 4 \end{matrix} \quad \longrightarrow \quad 1 \; \emptyset \; 3 \; 2 \; 4$$

où X et/ou Y sont soumis à des conditions qui restent à préciser.

4.   L'intégration de SCISS dans le cadre de WH-MOVE

4.0.   Cette section reformule SCISS et étudie des questions que pose le fonctionnement correct de WH-MOVE.

4.1.   La nécessité de reformuler SCISS d'une façon lui permettant de s'appliquer aux syntagmes sujets remet en cause les raisons qui avaient motivé, avant
que cette nécessité soit établie, la version restreinte aux éléments postverbaux. La formulation proposée au § 1.1.5.

_____

117. R. Kayne m'a dit qu'il ne maintenait pas non plus la formulation en termes
    de limites de phrase.

(68)   SCISSION (facultative)

   X V (P) *combien de* NP *Y*
   1 2   3   4   5   --> 3 1 2 Ø 4 5

          Condition: Il y a cohésion entre V et le syntagme
                     prépositionnel quantifié.

devrait alors être remplacée par une autre dans laquelle le terme 2 serait supprimé. Il est clair que les deux exigences - application aux sujets et apparition de V - s'excluent l'une l'autre à l'intérieur d'une seule règle SCISS et
que, au cas où il serait nécessaire de maintenir la deuxième, on n'aurait plus
que la possibilité peu satisfaisante d'admettre deux règles disjointes d'extraction de *combien*. Je reviens donc sur la question de savoir si V doit figurer dans la formulation de SCISS.

     La formulation (68) avait d'abord l'avantage d'indiquer qu'il s'agissait
d'un déplacement à gauche à un instant où WH-MOVE ne s'était pas encore appliquée. Cet avantage constitue en fait une redondance: si *combien* était isolé
par WH-MOVE elle-même, cela garantirait précisément un tel déplacement. De ce
point de vue, le fait de mentionner V dans la règle n'apporte rien si par ailleurs les raisons de considérer SCISS et WH-MOVE comme une seule règle (cf. le
§ 1.1.7.) sont valables.

     Un point qui semble en contradiction avec ces raisons, et qui motivait éga-
lement la présence de V dans (68), était le comportement de *combien de fois,*
combien étant extractible uniquement en position immédiatement postverbale.
La formulation (68) excluait l'extraction dans les cas où elle était indésirable. Par contre, mentionner le verbe ne suffisait pas tout seul pour exclure
les phrases du type

     (63) b.   *Pour combien a-t-il disparu de raisons?

pour lesquelles il semble nécessaire de recourir à une condition de "cohésion"
dont l'intervention n'exige pas que V figure dans la règle. Etant donné la nécessité de permettre l'application de SCISS aux syntagmes sujets, on voit que
la formulation (68) était à la fois trop restrictive et trop peu restrictive.

     Tandis que je ne vois pas encore clair dans le cas de *combien de fois,*[118]
les faits suivants constituent un nouvel argument en faveur d'une formulation

---

118. Le contraste entre (149) a et b suggère que *de fois* occupe dans (b) la
     position d'un "datif sans préposition" (cf. Kayne (1975b:152ss.)); cette
     position doit, d'une façon générale, précéder celle du NP objet direct,
     et non la suivre. Je ne vois cependant pas encore pourquoi *de fois* se
     comporterait comme un datif.

de SCISS d'où le verbe est absent. Considérons des phrases dans lesquelles un objet datif "court" se trouve à gauche d'un objet direct "long", à la suite de l'application de LONGUEUR P. L'objet direct peut être quantifié par un *combien* en position initiale. La phrase (269) serait alors dérivée par l'application successive de SCISS (68) et LONGUEUR P:

(269)   Combien as-tu prêté à Pierre de livres sur la protogenèse des néoplasmes?

          tu as prêté [combien de livres sur la ...] [à Pierre]

          --> SCISS -->

          combien as-tu prêté [de livres sur la ...] [à Pierre]

          --> LONGUEUR P -->   (269)

Cet ordre est impératif; il est impossible d'obtenir (269) avec l'ordre inverse, car SCISS ne pourrait pas s'appliquer à l'objet direct séparé du verbe par l'objet datif.

D'autre part, l'objet datif peut être quantifié par *combien*:

(270)   ?A combien as-tu fait lire de personnes la lettre dans laquelle Marie insulte le président?

L'ordre (I) SCISS (II) LONGUEUR P, nécessaire dans le cas de (269), ne permet pas de dériver (270). En effet, on obtiendrait (272) à partir de (271):

(271)   tu as fait lire [la lettre dans laquelle ...] [à combien de personnes]

          --> SCISS (inapplicable) -->

          --> LONGUEUR P -->

(272)   tu as fait lire [à combien de personnes] [la lettre dans laquelle ...]

La position initiale de *combien* (et l'inversion d'un NP sujet éventuel) ne seraient pas engendrables. (270) serait par contre dérivable avec l'ordre inverse des deux règles:

(271)   tu as fait lire [la lettre dans laquelle ...] [à combien de personnes]

          --> LONGUEUR P -->

          tu as fait lire [à combien de personnes] [la lettre dans laquelle ...]

          --> SCISS -->   (270)

De la même manière seraient dérivées les phrases

(273) a. ?A combien a-t-il annoncé d'amis le retour inattendu et
définitif de Mathilde?
b. ??Sur combien a-t-il écrit de tribus sauvages les articles
rassemblés sous le titre "Le cru et le dru"?
c. ?De combien a-t-il équipé de pièges l'appartement où il
veut séquestrer le baron Ludwig?

Cet ordre (I) LONGUEUR P (II) SCISS exclut cependant, comme on l'a vu, la dérivation des phrases du type (269). Quel que soit l'ordre relatif de SCISS et
de LONGUEUR P, la forme de la première empêche l'un des deux types de phrases
d'être engendrable. Il est d'autre part très peu probable que les deux règles
soient non-ordonnées l'une par rapport à l'autre (ce qui résoudrait le problème) étant donné que LONGUEUR P semble être une transformation stylistique,
s'appliquant tardivement et de toute façon après WH-MOVE. Pour pouvoir dériver aussi bien (269) que (270)/(273), il faut donc renoncer à restreindre l'extraction de *combien*, du moins en la faisant dépendre de la mention de V dans
la formulation de SCISS.

Si ces considérations sont correctes, il s'ensuit que le troisième argument pour le fait de mentionner V, l'inacceptabilité des phrases comportant
un NP objet entre le verbe et le *de NP* isolé, ne doit pas être attribuée non
plus à une propriété de SCISS toute seule. Si ces phrases, que je répète ici,
sont inacceptables à cause d'une restriction indépendante et plus générale –

(41) a. *A combien a-t-il proposé ce poste de chômeurs?
b. *Sur combien a-t-il écrit des articles de tribus sauvages?
c. *Dans combien as-tu fait entrer ton ami de pavillons?
d. *Avec combien échange-t-il des timbres de gens?
e. *Contre combien s'est-il cogné la tête de murs?

– l'inacceptabilité devrait alors se retrouver dans des constructions dans la
dérivation desquelles SCISS n'intervient pas. Tel est en effet le cas dans les
phrases suivantes, dérivées par l'extraposition de *de AP* et WH-MOVE:

(274) a. *A qui a-t-il proposé ce poste d'autre?
b. *Je me demande à qui raconter cette histoire d'intelligent.
c. *Sur qui y a-t-il des monographies d'intéressant?
d. *A quoi attribue-t-elle sa réussite d'autre?
e. *De quoi se paierait-il ce luxe d'autre?

Comme dans le cas de SCISS, l'inacceptabilité est limitée à la construction
séparée:

(275) a. A qui d'autre a-t-il proposé ce poste?
b. Je me demande à qui d'intelligent raconter cette histoire.
c. Sur qui d'intéressant y a-t-il des monographies?
d. A quoi d'autre attribue-t-elle sa réussite?
e. De quoi d'autre se paierait-il ce luxe?

Poser que l'inacceptabilité de (41) est due à la violation d'une condition spécifique de SCISS - la position immédiatement postverbale de *combien*, en l'occurrence - obligerait alors à postuler que l'extraposition de *de AP* dans la construction *qui/quoi/rien de AP* dépend, elle, également de l'absence d'autres éléments entre le verbe et l'élément nominal. Mis à part le fait que la condition de contiguïté avec le verbe est très probablement incorrecte, pour les raisons indépendantes qu'on a vues, dans le cas de *combien*, il serait surprenant que cette condition interdise ou simplement affecte deux opérations aussi différentes que l'antéposition de *combien* dans COMP et l'extraposition de *de AP*; il serait également surprenant de constater que la ressemblance évidente entre (41) et (274) - le constituant scindé, ses deux parties de part et d'autre de la séquence V-NP - n'est pas en jeu. Que ce ne soit pas l'extraposition qui est bloquée est confirmé par le fait qu'elle peut s'appliquer, avec *personne*, aussi bien en l'absence qu'en la présence d'un élément postverbal précédant la "tête" de *de AP*:

(276) a.   Je ne parlerai à personne de moins renseigné que vous dans cette assemblée.

   b.   Je ne donnerai l'information à personne de moins renseigné que vous dans cette assemblée.

(277) a.   Je ne parlerai à personne dans cette assemblée de moins renseigné que vous.

   b.   Je ne donnerai l'information à personne dans cette assemblée de moins renseigné que vous.

A l'absence de contraste entre (277) a et b s'oppose le contraste entre

(278) a.   A qui pourrait-il parler de moins renseigné que vous?

   b.   *A qui pourrait-il donner l'information de moins renseigné que vous?

Ce n'est donc pas l'extraposition qui est en cause, mais le fait que, à la suite de WH-MOVE, *(P) qui/quoi* ne se trouve plus du même côté de l'élément postverbal que *de AP*. La supposition est maintenant tout à fait naturelle qu'il s'agit de la même raison dans le cas des faits analogues de *combien*, et elle conduit à la formulation suivante de la restriction sur les NP postverbaux:

(279)   Une structure

   $_S[\ A \dots V \ NP \dots B \dots]$

   où *A* et *B* proviennent du même constituant postverbal est inacceptable.

Comme dans le cas de la restriction (263) sur les verbes, je ne m'intéresse pas ici aux précisions ni aux formulations alternatives possibles ou nécessai-

res; je ne pose pas non plus la question de savoir si les faits en question
sont du domaine de la compétence ou de la performance. Tout ce qui importe ici
est le fait que l'inacceptabilité de (41) et de (274) est attribuable à la même
contrainte. J'observe d'autre part que

a) une restriction du type (279) est plausible - quelle que puisse être sa
forme ultérieure - du fait qu'il existe une restriction semblable, (263,
concernant des structures semblables

b) une troisième restriction est à formuler, concernant les quantifieurs adverbiaux dans le même genre de structures (cf. les phrases (248) et (250))

c) les deux restrictions impliquant des éléments d'origine postverbale, et
peut-être (263), mettant en jeu le sujet, pourraient être unifiées comme
restriction générale sur les structures scindées du type $A \ldots V \ldots B \ldots$

A nouveau, ce qui semblait distinguer une règle - SCISS en l'occurrence -
d'une autre règle, ici WH-MOVE, s'avère découler d'une contrainte indépendante.
Des faits discutés dans cette section, il s'ensuit qu'il n'est pas justifié
de garder le terme V dans la description structurale de SCISS. La suppression
de V dans (68) conduit à la formulation suivante:

(280)   SCISSION (facultative)

X (P) *combien de* NP Y

1   2   3   4 $\longrightarrow$ 2 1 Ø 3 4

Condition: Il y a cohésion entre V et le syntagme
prépositionnel quantifié.

4.2.   La nouvelle formulation de SCISS est très proche de celle de WH-MOVE
qui a la forme

(281) X wh Y

1   2   3 $\longrightarrow$ 2 1 Ø 3

Il semble naturel de supprimer, dans (280), la condition et de l'ajouter aux
restrictions sur les structures scindées, dans une reformulation adéquate.

Je suis arrivé, comme dans le cas de COMB-POST, au point où il s'avère que
la règle étudiée n'existe pas, et que ce qui a été considéré comme la règle
SCISS pour les besoins de l'exposition est en fait WH-MOVE. Les différences
entre la prétendue règle SCISS et WH-MOVE sont dues, cela semble clair à présent, à l'effet de contraintes indépendantes qui concernent essentiellement
les parties résultant de la séparation d'un syntagme.

WH-MOVE s'applique donc ou bien au NP/PP *(P) combien de NP* entier, pour
l'antéposer dans COMP, ou au quantifieur *combien*, contenu dans le NP/PP, pour

l'en extraire (avec la préposition, le cas échéant). Cette possibilité d'extraction découle du rejet de l'hypothèse adverbialiste au § 3.5.3. ainsi que du rejet de la condition de non-extraction des éléments prénominaux en ce qui concerne *combien*. Etant donné une structure

(282)

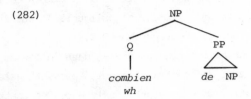

WH-MOVE extrait le quantifieur du NP. L'antéposition du NP entier par contre résulte de l'application de WH-MOVE à la configuration

(283)

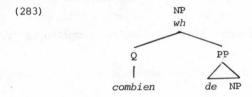

(où le quantifieur pourrait être également marqué *wh* par percolation du trait vers le bas;[119] dans ce cas, l'extraction de *combien* tout seul est bloquée, étant donné la formulation de WH-MOVE, par les deux versions du principe A-sur-A [120]).

Etant donné l'applicabilité du principe A-sur-A, l'extraction de *combien* tout seul dépend donc crucialement de l'existence d'une structure telle que (282). Dans l'hypothèse d'une règle WH-PLACEMENT marquant certains constituants (cf. Chomsky (1971;1973:272s.)), cette règle doit pouvoir marquer le quantifieur tout seul, à l'exclusion du noeud NP qui le domine. Elle s'applique donc, en français, du moins à NP et Q.[121, 122]

---

119. Le mécanisme de percolation est décrit dans Dougherty (1970:886).

120. Cf. Chomsky (1971;1973:273,n. 55).

121. Le trait *wh* ne serait donc pas une propriété de N̄, comme l'admet Vergnaud (1974:237s.) en se basant sur les syntagmes coordonnés:

    (bp)   quel homme et quelle femme
                      *l'homme et quelle femme
                      *quel homme et la femme
                      *un homme et quelle femme
                      etc.

S'il est nécessaire d'exclure de tels syntagmes, il suffirait que WH-PLACEMENT soit soumis au principe A-sur-A pour que le noeud maximal soit

5.   Conclusion

Malgré des conditions d'application trés particulières, la règle antéposant
combien tout seul n'est autre que WH-MOVE; celle qui postpose le NP quantifié
est STYL-INV. Une analyse en termes d'une seule règle rendant compte de l'apparition du quantifieur isolé est exclue. STYL-INV s'applique à la suite de
l'antéposition de *combien* quantifieur de sujet par WH-MOVE.

L'action spécifique de ces deux règles très générales dans le cas de *combien* résulte de leur interaction avec des contraintes qui dépassent également
le cadre du quantifieur interrogatif. On a constaté l'existence des contraintes suivantes:

- une condition du sujet
- une condition de "cohésion" entre le verbe et ses compléments
- une restriction sur les verbes dans le cas des sujets scindés
- une restriction sur les objets directs dans le cas des compléments (prépo-
    sitionnels) scindés
- une restriction sur les quantifieurs adverbiaux dans le cas des compléments
    scindés
- une condition sur les règles de mouvement.

La généralité de WH-MOVE et STYL-INV se traduit par le fait qu'aucune règle
mentionnant l'item *combien* n'est nécessaire. Il n'y a pas de condition de non-
extraction des éléments prénominaux englobant *combien*. Il en résulte que *combien* doit pouvoir être marqué seul pour l'antéposition par WH-MOVE. Il ne semble pas y avoir d'extraction hors de COMP.

---

marqué. D'autre part, notons que les syntagmes "incorrects" ne peuvent pas
Pas être *wh*-déplacés dans une phrase, puisqu'ils ne sont pas dominés par un
noeud marqué *wh*. L'antéposition des syntagmes "inférieurs", marqués *wh*, est
à son tour bloquée par le principe A-sur-A, ou la contrainte sur les structures coordonnées.

122. WH-MOVE déplace également AP:

    (bq)   Combien heureux j'aurais été ... !
                Tu n'imagines pas combien gentille elle peut être!

qui doit donc être également marqué *wh*.

DEUXIEME CHAPITRE: *QUE INTERROGATIF*

1. Un paradigme irrégulier

1.0. La comparaison des paradigmes des pronoms interrogatifs *qui* et *quoi* révèle un comportement irrégulier de ce dernier. J'oppose *quoi* à *qui* et les syntagmes non-prépositionnels au syntagmes prépositionnels.

1.1. Les pronoms interrogatifs *qui* et *quoi* réfèrent respectivement à des *+hum(ains)* et des *-hum*. Tandis que leurs occurrences sont strictement parallèles dans les PP - cf.

(1) a. A $\begin{Bmatrix} qui \\ quoi \end{Bmatrix}$ fait-il allusion dans son pamphlet?

    b. En $\begin{Bmatrix} qui \\ quoi \end{Bmatrix}$ peut-on encore avoir une confiance aveugle?

    c. Sur $\begin{Bmatrix} qui \\ quoi \end{Bmatrix}$ compte-t-il pour réussir ce coup?

    d. Par $\begin{Bmatrix} qui \\ quoi \end{Bmatrix}$ a-t-elle été tellement impressionnée?

    e. Contre $\begin{Bmatrix} qui \\ quoi \end{Bmatrix}$ se sont-ils tous mis en colère?

    f. Derrière $\begin{Bmatrix} qui \\ quoi \end{Bmatrix}$ se cachent-ils?

- cela n'est pas le cas pour les NP objets correspondants:

(2) a. Qui as-tu remarqué au premier rang?
    b. Qui cherchez-vous?
    c. Qui attendent-ils avec une telle impatience?

(3) a. *Quoi as-tu remarqué au premier rang?
    b. *Quoi cherchez-vous?
    c. *Quoi attendent-ils avec une telle impatience?

Le paradigme particulier des NP objets est encore plus frappant quand on constate qu'ils ont tous deux leur forme "normale" en position postverbale, par exemple dans les questions où le mot interrogatif n'a pas été déplacé en position initiale de phrase. Ainsi, parallèlement à (4), on a (5) et (6):

    (4) a.   Elle veut parler à qui?
        b.   Tu es allé où?
        c.   Ça te fait quelle impression?

    (5) a.   Pierre a vu qui?
        b.   Vous cherchez qui?

    (6) a.   Elle a dit quoi?
        b.   Vous attendez quoi?

En position initiale de phrase, on trouve *que* au lieu de *quoi*:

    (7) a.   Qu'as-tu remarqué au premier rang?
        b.   Que cherchez-vous?
        c.   Qu'attendent-ils avec une telle impatience? [1]

D'une façon plus générale, *que* est la forme correspondant, en position initiale de phrase, à *quoi* postverbal; ainsi à *quoi* attributif:

    (8) a.   Que serait-elle, ta réponse?
        b.   *Quoi serait-elle, ta réponse?
        c.   Elle serait quoi, ta réponse?

    (9) a.   Qu'est-il, ton ami?
        b.   *Quoi est-il, ton ami?
        c.   Il est quoi, ton ami?

    (10) a.   Que sont-ils devenus?
         b.   *Quoi sont-ils devenus?
         c.   Ils sont devenus quoi?

à *quoi* postverbal à la suite de l'application d'une transformation: [2]

    (11) a.   Que s'est-il passé?
         b.   *Quoi s'est-il passé?
         c.   Il s'est passé quoi?

    (12) a.   Qu'a-t-il été annoncé?
         b.   *Quoi a-t-il été annoncé?
         c.   Il a été annoncé quoi?

Il n'y a pas de *que* initial correspondant au *quoi* des phrases suivantes, données par Sandfeld (1928;1970:323s.), qui reprend une partie de l'énoncé qui précède et ne suit pas forcément un verbe:

---

1. *Que* ne peut pas d'une façon générale "remplacer" *qui* comme pronom interrogatif; la phrase

    (a)   Qu'as-tu rencontré?

   est impossible si la réponse attendue a la référence +*hum*, telle *Pierre*, *l'ex-femme du cousin de ta soeur*, etc.

2. Il s'agit de NP-EXTRAP.

(13) a.   Ce n'est pas la première fois. - La première fois que quoi?

      b.   C'est pas précisément qu'elle est pas jolie ... mais l'est ginguette. - Gin...quoi?

D'autre part, comme le montrent (6) et (8)-(12), à une phrase introduite par *que* interrogatif correspond en général une phrase analogue avec *quoi* postverbal.[3] *Que* est exclu en position postverbale:

(14) a.   *Elle a dit que?

      b.   *Vous attendez que?

      c.   *Ta réponse serait que?

      d.   *Il est que, ton ami?

      e.   *Ils sont devenus que?

      f.   *Il s'est passé que?

      g.   *Il a été annoncé que?

---

3. Dans certains cas où *que* se trouve en position initiale (*quoi* étant toujours exclu), les phrases analogues comportant un *quoi* postverbal ne sont pas, contrairement à (6) et (8)-(12), des structures de surface possibles:

(b) i.   Que pèse le bébé?

     ii.   *Quoi pèse le bébé?

    iii.   *Le bébé pèse quoi?

(c) i.   Que coûte ce disque?

     ii.   *Quoi coûte ce disque?

    iii.   *Ce disque coûte quoi?

(d) i.   Que vaut une 5 CV, avec trois portes et un toit ouvrant?

     ii.   *Quoi vaut ... ?

    iii.   *Une 5 CV ... vaut quoi?

Que semble "remplacer" ici *combien*, qui est possible après le verbe et en position initiale également:

(e) i.   Combien pèse le bébé?

     ii.   Le bébé pèse combien?

(f) i.   Combien coûte ce disque?

     ii.   Ce disque coûte combien?

(g) i.   Combien vaut une 5 CV ...?

     ii.   Une 5 CV ... vaut combien?

Quoi postverbal est d'autre part possible, avec les mêmes verbes, lorsqu'un sens "figuré" est en jeu au lieu du sens de "mesure" des exemples (b)-(d):

(h) i.   Le nationalisme saharaoui, il va peser quoi, en face de la "grande croisade"?

     ii.   Elle t'a coûté quoi, cette promotion?

    iii.   Ça vaut quoi, son livre sur l'anthropophagie?

A nouveau, on trouve *que* en position initiale:

(i) i.   Que va-t-il peser, en face de la "grande croisade"?

     ii.   Que t'a coûté cette promotion?

    iii.   Que vaut-il, son livre sur l'anthropophagie?

Que admet donc l'interprétation "figurée" comme l'interprétation de "mesure",

Finalement, *que* est exclu dans les PP, qu'ils se trouvent après le verbe ou en position initiale:

   (15) a.   *A que fait-il allusion dans son pamphlet?
           b.   *Sur que compte-t-il pour réussir ce coup?
           c.   *Contre que se sont-ils tous mis en colère?

   (16) a.   *Il fait allusion à que dans son pamphlet?
           b.   *Il compte sur que pour réussir ce coup?
           c.   *Ils se sont tous mis en colère contre que?

2.   Deux cadres d'analyse: l'hypothèse QUOI-MORPH et l'hypothèse QUE-COMP

2.0.   Cette section introduit deux hypothèses alternatives comme cadres possibles de l'étude de la relation entre *que* et *quoi*. La première considère *que* comme un pronom, relié à *quoi* par une règle morphologique; la deuxième considère *que* comme le complémenteur.

2.1.   Les faits qu'on vient de voir suggèrent un cadre général dans lequel les interrogatives introduites par un *qui* d'origine postverbale - précédé ou non d'une préposition - sont engendrées normalement, WH-MOVE déplaçant le NP/PP en position initiale de phrase; la même chose vaut pour les phrases en *quoi* précédé d'une préposition. *Quoi* non-prépositionnel par contre exige un traitement plus complexe.

    Je poserai le problème de la manière suivante: est-ce que *que* doit être considéré comme une forme particulière de *quoi* ou au contraire comme un élément entièrement indépendant de *quoi*? Dans le premier cas, on dirait - conduit

---

quoi seulement la première, *combien* seulement la dernière. Le rapport entre *que* et *quoi* ressemble ici dans un certain sens à celui entre les pronoms à "forme forte" - *(à) eux, (à) elles* - et ceux à "forme faible" (clitiques) - *les, leur* - en ee qui concerne l'interprétation, normalement restreinte aux *+hum*, des premiers en face de l'interprétation non restreinte des derniers (cf. également le § 5.2.). A comparer aussi le contraste suivant dans les concessives:

    (j)   Quoi que cela puisse peser dans cette affaire ...
              Quoi qu'il nous en coûte ...

    (k)   *?Quoi que pèse le bébé ...
              ??Quoi que coûte ce disque ...

et l'interprétation dans les relatives, où *que* peut avoir les deux sens:

    (l)   Tout ce qu'il pourra peser dans cette affaire ...
              ?Je ne me rappelle pas ce que pèse le bébé.

Je laisse la question de ces rapports entre *que, quoi, combien* ouverte.

en particulier par la ressemblance morphologique - que *que* est une variante, peut-être "accusative", de *quoi*. Rappelons qu'une hypothèse analogue pour le cas de *que* "relatif" a été rejetée dans Kayne (1974). Ainsi, dans des phrases telles que

(17)   Je voudrais quelque chose que je puisse offrir à ma voisine.

que ne semble pas être l'accusatif de *quoi*; c'est-à-dire qu'il n'est pas une forme analogue à *avec quoi* dans

(18)   quelque chose avec quoi je pourrais faire disparaître mes
         taches de rousseur

mais plutôt le complémenteur *que*, apparaissant dans les phrases enchâssées à temps fini lorsqu'elles ne sont pas introduites par un mot *wh*. *Quoi*, présent dans la structure sous-jacente de (17), aurait été soumis à la transformation d'effacement REL-NP-DEL, applicable dans les relatives à tout NP non-prépositionnel après son antéposition par WH-MOVEMENT. Comme deuxième possibilité, l'identité phonologique de *que* "interrogatif" et du complémenteur *que* suggère donc de considérer le premier comme un cas particulier du dernier. J'appellerai les deux hypothèses respectivement l'hypothèse QUOI-MORPH et l'hypothèse QUE-COMP.

2.2.   En commençant par l'hypothèse QUE-COMP, on constate qu'elle pourrait être rejetée a priori pour la simple raison qu'elle exige l'apparition de *que* dans des phrases non enchâssées, c'est-à-dire dans des phrases qui ne sont pas des compléments, ce qui reviendrait à ne plus considérer le complémenteur comme un élément purement subordonnant.[4] Admettons cependant que *que* puisse

---

4. En fait, une telle position ne pourrait déjà plus être entièrement main-
    tenue. Ainsi, pour rendre compte du *que* dans les phrases

    (m)   Peut-être qu'ils sont partis.
            Sans doute qu'elle reviendra dans un quart d'heure.
            Heureusement qu'il a cessé de pleuvoir.

    qui ne sont pas des structures à enchâssement du type $_S[\ldots_S[\ldots]\ldots]$,

    Kayne (1975a) propose une règle d'insertion de *que* s'appliquant dans tou-
    tes les phrases à temps fini; une règle ultérieure effacerait le complé-
    menteur dans les non-enchâssées - une transformation radicale dans le sens
    d'Emonds (1970) - à l'exception de certains cas où il ne se trouve pas en
    position initiale.
    Cette analyse élargit déjà la notion de pur subordonnant. Il est clair,
    toutefois que l'identification du *que* interrogatif avec le complémenteur
    conduirait à une nouvelle révision de la notion de subordonnant: *que* in-
    terrogatif se trouve en effet en position initiale et apparaît également
    dans les phrases à l'infinitif; v. plus loin.

84

également être engendré dans la position COMP des phrases non enchâssées. Les conditions dont dépend alors l'apparition de *que* en structure de surface comprendraient premièrement la propriété "question" de la phrase - cf.

   (19) *Que Claudine viendra te voir demain.

- et plus précisément la propriété "question *wh*":

   (20) *Que Claudine viendra-t-elle te voir demain?

et deuxièmement la disparition du *quoi* antéposé par WH-MOVE. Cet effacement ressemblerait à celui du NP relatif en ce qu'il concernerait uniquement des NP non-prépositionnels; il s'en distinguerait en ce qu'il devrait être restreint à *quoi*, *qui* n'étant pas affecté par la règle.[5] Parallèlement à son occurrence dans les relatives, le complémenteur *que* apparaîtrait alors dans les questions.

 Notons que l'hypothèse de l'effacement de *quoi* à la suite de WH-MOVE explique immédiatement le fait qu'il y a un *quoi* objet en position postverbale; cf. (6) que je répète ici:

   (6) a. Elle a dit quoi?
     b. Vous attendez quoi?

tandis que son "équivalent" en position initiale de phrase a une forme différente.

 L'hypothèse QUOI-MORPH, d'autre part, admet que, au lieu d'être effacé, *quoi* est soumis à une règle morphologique modifiant sa forme, mais pas son statut de pronom. On voit que cette règle, que j'appellerai également QUOI-MORPH, devrait être restreinte de façon à ne s'appliquer qu'à *quoi* initial de phrase, tout comme la règle d'effacement de *quoi* à l'intérieur de QUE-COMP: si elle était simplement ordonnée après WH-MOVE, on obtiendrait toujours

   (14) a. *Elle a dit que?
     b. *Vous attendez que?

Mais l'impossibilité de (14) est, dans l'hypothèse QUE-COMP, une conséquence automatique de l'hypothèse elle-même: le complémenteur ne peut apparaître qu'en

---

5. De même, *lequel*, soumis à l'effacement dans les relatives, ne l'est pas dans les interrogatives:

  (n) *Où est l'ananas lequel je viens d'acheter?

  (o) Lequel choisirait-elle?
     Jean aimerait savoir lesquels il doit prendre.

Pour d'autres différences entre les deux effacements v. le § 5.1.

position initiale; dans l'hypothèse QUOI-MORPH, (14) est exclue par la formulation d'une règle qui n'est pas la seule concevable dans cette hypothèse, et une explication éventuelle se situera ailleurs.

Après ces considérations préliminaires sur les deux hypothèses, je vais les examiner en détail, en commençant par l'hypothèse QUOI-MORPH.

3.   L'hypothèse QUOI-MORPH

3.0.   Plusieurs cas où *que* se comporte d'une façon différente des autres mots interrogatifs peuvent être rattachés à son caractère "clitique". Une règle plaçant *que* directement, à partir de la position postverbale de *quoi*, en position préverbale de clitique est étudiée et rejetée. J'en conclus que *quoi* doit être soumis à WH-MOVE et, dans COMP, à QUOI-MORPH.

3.1.   Comme on vient de le voir, le pronom *quoi*, dans l'hypothèse QUOI-MORPH, est censé avoir deux formes différentes pour l'objet non-prépositionnel. Ce fait constitue un cas unique en français, à moins qu'on n'établisse un parallèle entre *quoi/que* et les pronoms personnels, qui opposent une série "forte" à une série "faible" aussi bien pour les sujets (*moi/je*, *toi/tu*, etc.) que pour les objets directs (*moi/me*, *toi/te*, etc.) et les objets "datifs" (*à moi/ me*, *à toi/te*, etc.). En effet, les seules variations morphologiques qui impliquent des cas mettent en jeu l'opposition clitique / non-clitique. L'absence d'une telle opposition dans le cas du datif - il n'y a que la forme *à quoi* - n'est pas gênante étant donné que l'alternance *ça* (non-clitique) / *ce* (clitique) n'existe que pour les sujets.[6] On verra dans la suite que *que* interrogatif a en effet des propriétés de clitique.

3.2.   Comme l'ont montré les exemples (7)-(12), les interrogatives en *que*, de même que toutes les autres, permettent l'inversion du clitique sujet rattachant celui-ci au verbe.(L'inversion du NP sujet, déclenchée par les mots *wh* en position initiale, est également possible:

----

6. On a ainsi le contraste:

     (p)   J'ai vu ça.

     (q)   *Je ç'ai vu.

Les clitiques *on*, *en*, *y* n'ont pas de forme "forte". - Pour une étude des clitiques, v. Kayne (1972) et (1975b).

(21) a.   Que cherche Marie?
        b.   Que serait ta réponse?
        c.   Que sont devenus les Dalton?

Quoi non-prépositionnel reste exclu:

(22) a.   *Quoi cherche Marie?
        b.   *Quoi serait ta réponse?
        c.   *Quoi sont devenus les Dalton?

L'inversion "complexe", permutant le clitique sujet en la présence d'un NP sujet, n'est pas possible:

(23) a.   *Que Marie cherche-t-elle?
        b.   *Que ta réponse serait-elle?
        c.   *Que les Dalton sont-ils devenus? [7]

(*Quoi* est toujours exclu:

(24) a.   *Quoi Marie cherche-t-elle?
        b.   *Quoi ta réponse serait-elle?
        c.   *Quoi les Dalton sont-ils devenus?   )

Que se comporte ici d'une façon exceptionnelle en comparaison des autres mots interrogatifs, y compris *quoi* prépositionnel:

(25) a.   Qui Marie cherche-t-elle?
        b.   A quoi le reporter a-t-il fait allusion?
        c.   Pourquoi ta soeur n'a-t-elle pas répondu?
        d.   Quand les Dalton sont-ils revenus?
        e.   Quel genre de film tes amis préfèrent-ils?

Kayne (1972) a montré qu'il convient de considérer l'inversion du clitique sujet et l'inversion complexe comme une seule règle.[8] Etant donné sa formulation -

---

7. Ronat (1973:202), discutant l'extraction de mots *wh* enchâssés, donne comme bonne la phrase

    (r)   Que Pierre aimerait-il que Marie lui rapporte?

Dans *Le Monde* (14/11/75, p. 7), j'ai relevé

    (s)   Que Sakharov critique-t-il et comment?

R. Kayne m'assure avoir entendu à la télévision française

    (t)   Que cela veut-il dire?

Je n'ai pas pu demander de précisions à Mitsou Ronat; parmi les locuteurs à qui j'ai posé la question, personne ne trouvait (r)-(t) vraiment acceptables, mais certains trouvaient (r) moins mauvaise que (s) et (t). Les facteurs en jeu chez ceux qui font la différence restent à éclaircir. Ce qui est important pour moi ici est la différence beaucoup plus nette entre (25) d'un côté et (23) (et (r)-(t)) de l'autre.

8. Langacker (1972), tout en envisageant une analyse différente de celle de Kayne, pense également que "the same rule should be responsible for inver-

cf.

(26) $\quad$ $\begin{matrix} X \\ +Q \end{matrix}$ $_{NP}[\ Y\ \ SCL\ ]\ V\ \longrightarrow\ \begin{matrix} X \\ +Q \end{matrix}$ $_{NP}[\ Y\ ]\ \ V{+}SCL$

- la règle (SUBJ-CL-INV) s'applique donc aux structures sous-jacentes à (23) comme elle s'applique dans (7)-(12) ; l'application de la règle fournit des structures de sortie - à savoir (23) - qu'il faut exclure ensuite. Autrement dit, la description structurale de SUBJ-CL-INV est satisfaite aussi bien par *que Marie-elle cherche* que par *que ∅-elle cherche,*[9] et le seul moyen de bloquer la dérivation dans le premier cas tout en la permettant dans le dernier serait apparemment une condition, spécifiant ad hoc que l'application de la règle doit être bloquée lorsque $Y \neq \emptyset$. Qu'une telle restriction de la règle ne soit pas souhaitable est suggéré par des faits parallèles à (23), mais indépendants de SUBJ-CL-INV. D'une façon générale, *que* ne peut être séparé du verbe :

(27) a. *Que, dans ces conditions, veux-tu qu'elle fasse?

   b. $\left\{\begin{matrix} *Que, \\ *Qu' \end{matrix}\right\}$ en fin de compte, allons-nous leur envoyer?

   c. *Que, à ton avis, va-t-il se passer maintenant?

ce qui l'oppose à nouveau aux autres mots interrogatifs :

(28) a. Comment, dans ces conditions, veux-tu qu'elle agisse?

   b. Qui, en fin de compte, allons-nous leur envoyer?

   c. Avec quoi, à ton avis, l'ont-ils assommé?

Les seuls éléments permis entre *que* et le verbe sont les pronoms clitiques :[10]

(29) a. Que lui en direz-vous?

   b. Que s'y est-il passé?

   c. Que leur est-il arrivé?

dont on sait qu'ils sont dominés, en structure de surface, par le noeud V.[11] Les clitiques se comportent de la même manière : entre eux et le verbe, il ne peut y avoir que d'autres clitiques ; ainsi, à (29) correspond (30), et à (27), (31) :

(30) a. Je lui en parlerai la prochaine fois.

   b. Il s'y est perdu au bout de dix minutes.

   c. On le leur avait pourtant bien expliqué.

---

sion of simple clitic subjects and for the clitic placement in questions displaying 'complex inversion'".

9. Kayne (1972) propose l'ordre (I) STR-FRM-DEL (effacement de la forme forte) (II) SUBJ-CL-INV.

10. Pour *que diable*, v. le § 4.2.

11. Cf. Kayne (1972), (1975b).

88

(31) a. ":Je, dans ces conditions, laisse tout tomber.
b. ":Il, en fin de compte, a quand même fait des progrès. 12
c. ":On, à son avis, n'aurait jamais dû faire cela.

Les non-clitiques, comme les autres mots interrogatifs, permettent cette séparation:

(32) a. Les patrons, dans ces conditions, laisseront tout tomber.
b. Le détective, en fin de compte, réussira.
c. Lui, à mon avis, n'aurait jamais fait cela.

----

12. La particule *ne* de la négation se trouve après le clitique sujet, mais avant
le (les) clitique(s) objet(s):

(u)   Il ne le leur a pas rendu.

(v)   ":Il le leur n'a pas rendu.
        ":Il le ne leur a pas rendu.

Que interrogatif n'admet que très difficilement la négation:

(w)   ":?Que n'a-t-il pas trouvé bon?
        ":?Que n'as-tu pas encore compris?

Cette restriction n'existe pas dans le cas de *qui*, ni de *P quoi*:

(x)   Qui n'a-t-il pas trouvé sympathique?
        De quoi n'a-t-il pas voulu parler?

Aux exemples de (w) s'opposent les faits mentionnés par Cornulier (1974:
140s.):

(y)   Que n'est-il venu?
        ":Que Pierre n'est-il venu?
        ":Que, hier, n'est-il venu?

où *que* permet la négation. Ces exemples semblent devoir être reliés à un
type d'exclamatives (Cornulier qualifie (y) de "fausses questions" du point
de vue sémantique) telles que

(z)   Que ne le disiez-vous!
        Qu'a-t-il besoin de le dire à tout le monde!

plutôt qu'à (w); cf. également l'absence de *pas* dans (y), impossible dans

(aa)   ":Que n'a-t-il trouvé bon?
        ":Que n'as-tu encore compris?

Du point de vue de leur "cliticité", les *que* de (w) et (y) se groupent cependant ensemble en face de celui dans (ab), également "exclamatif":

(ab)   Que ton frère est fort!

Quant au contraste entre (w) et (x), il me semble souhaitable de le
relier à celui entre (ac) et (ad):

(ac)   ":Que c'est?
        ":Que tu as fait?

(ad)   Qui c'est?
        Qui tu as vu?

difficilement explicable en termes de clitique; v. Obenauer (en prép.).

Il ne semble alors pas arbitraire de dire que *que* est la forme "objet faible" de *quoi*, apparaissant en position préverbale clitique. Une possibilité de relier *que* à *quoi* consisterait ainsi à postuler une règle d'antéposition, imitant dans un sens la règle de placement des clitiques (cf. Kayne (1975b), et formulée de la manière suivante:

(33)   X V *quoi* Y   -->   1 que+2 Ø 4
         1 2   3   4

Comme CL-PL, une telle règle QUE-PL s'appliquerait uniquement à des pronoms tout seuls, non "modifiés", et rendrait compte ainsi du contraste

(34) a. *Que d'intéressant a-t-il proposé?
     b. *Que d'autre devrait-elle voir?
     c. *Que d'extraordinaire y avait-il à sa fête?

(35) a. Qui d'intéressant as-tu rencontré?
     b. Qui d'autre devrait-elle connaître?
     c. Qui d'extraordinaire y avait-il à sa fête?
     d. A quoi d'autre sais-tu jouer?
     e. De quoi de plus banal pouvait-il parler?

et du contraste parallèle

(36) a. *Que qui mérite d'être retenu a-t-il dit?
     b. *Que qui semblait très bizarre trouvait-il parfaitement naturel?

(37) a. ?Qui que Marie aime bien ne peux-tu pas supporter?
     b. ?A qui qui connaît bien Marie pourrais-je m'adresser?
     c. ?Par quoi qu'il ne savait pas a-t-il été tellement surpris?

L'inacceptabilité de *que d'intéressant, que d'autre* serait ainsi reliée à celle de *nous autres, nous deux, les autres* dans

(38) a. *Il nous autres a souvent menacés.
     b. *Ces gens ne voulaient pas nous deux laisser entrer.
     c. *Faites-les autres taire!

dont les analogues avec des clitiques non modifiés sont également possibles:

(39) a. Max nous a souvent menacés.
     b. Ces gens ne voulaient pas nous laisser entrer.
     c. Faites-les taire!

Dans (34) et (36), l'inacceptabilité résulterait de la violation de la même contrainte sur le déplacement des pronoms que dans (38). Cette contrainte est plus générale, car elle englobe également le cas des clitiques sujets:

(40) a. *Tout c'est complètement absurde.
     b. *On tous les deux pourrait le faire.

```
(41) a.    Tout ça est complètement absurde.
     b.    On pourrait le faire tous les deux.¹³
```

La contrainte exclurait tous les cas indésirables en précisant qu'uniquement des pronoms tout seuls peuvent être placés dans une position de clitique.

Cette précision faite, la règle hypothétique QUE-PL pourrait s'appliquer avant ou après SUBJ-CL-INV pour permettre de passer de *vous cherchez quoi* à *que cherchez-vous*: l'inversion du clitique sujet est en effet déclenchée par le caractère "question" de la phrase - cf.

```
(42) a.    Viendrez-vous?
     b.    Frédéric a-t-il pensé aux poissons rouges?
```

- et *que* serait directement rattaché au verbe. QUE-PL aurait surtout l'effet de ne jamais permettre le déplacement du pronom interrogatif par-dessus le NP sujet, ce qui exclurait, d'une façon a priori concevable, les phrases à inversion complexe, du type mentionné plus haut

```
(43)       *Que le photographe voit-il?
```

La situation esquissée à la page 87, avec une séquence initiale *que NP-SCL* satisfaisant la description structurale de SUBJ-CL-INV serait alors purement théorique. Cependant, si QUE-PL exclut en effet (43), on obtient à sa place la phrase également inacceptable (44), dérivée, selon l'ordre relatif de QUE-PL et SUBJ-CL-INV, de (45) si QUE-PL s'applique d'abord; de (46), si SUBJ-CL-INV s'applique la première:

```
(44)       *Le photographe que voit-il?¹⁴

(45)       ₙₚ[ le photographe - il ]  ᵥ[ que voit ]

(46)       ₙₚ[ le photographe ]  ᵥ[ voit-il ]  quoi
```

On pourrait imaginer des moyens capables d'exclure des phrases comme (44), en postulant par exemple que le mot interrogatif doit se trouver en position ini-

---

13. Elle s'appliquerait aussi aux possessifs; cf. les exemples de Kayne (1972):

```
(ae)       *Le nôtre autre est meilleur que celui de Jean.
           *Leur deux livre est mauvais.
```

14. La phrase serait acceptable avec une pause après *le photographe*; cf.

```
(af)       Le photographe # je ne le connais pas très bien.
```

qui est un cas de "dislocation à gauche". Une telle pause n'existe pas dans l'inversion complexe:

```
(ag)       *Quand Marie # viendra-t-elle?
```

Pour la dislocation à gauche, v. Hirschbühler (1975).

tiale de phrase, ce qui exclurait (44) et la phrase, également impossible,

(47)   *Le photographe que cherche?

que QUE-PL peut dériver aussi.[15]

Le point crucial est l'impossibilité d'engendrer la phrase correcte

(48)   Que voit le photographe?

QUE-PL place *que* en position clitique préverbale, après le NP sujet. Comme le montrent

(49)   *Viendront vos amis?
         Quand viendront vos amis?

le caractère "question" ne peut déclencher STYL-INV, dont l'application dépend de la présence d'un mot *wh* en position initiale. Dans l'hypothèse de QUE-PL, le mot *wh* - *que* - ne s'y trouverait qu'après l'application de l'inversion qu'il devrait déclencher; on n'obtient donc pas (48).[16]

Les difficultés liées à l'hypothèse de QUE-PL semblent surtout résulter du fait que *que*, déplacé directement en position clitique, ne se trouve pas, au cours de la dérivation, en position initiale de phrase. En abandonnant cette hypothèse, on voit que les problèmes avec (44), (47) et (48) disparaissent si on admet que *quoi* est soumis, comme tous les autres mots *wh*, à WH-MOVE, c'est-à-dire qu'il est antéposé dans le complémenteur.

3.3.   A la suite de l'application de WH-MOVE à *quoi* postverbal, on partira donc de la structure

(50) $_{COMP}$[*quoi* X] Y

---

15. En français parlé seulement, où non seulement STYL-INV est facultative (comme en français standard), mais SUBJ-CL-INV également - cf.

(ah)   Qui c'est?
         A quoi tu joues?
         Où Pierre va chercher tout ça?

(47) résulterait de la non-application de STYL-INV, suivie de la non-application de SUBJ-CL-INV et de l'application de SUBJ-CL-DEL. Pour cette dernière et l'ordre des règles, cf. Kayne (1972).

16. On ne gagnerait pas beaucoup en supprimant, dans la formulation (33) de QUE-PL, la variable initiale (pourvu qu'une suppression soit permise par la théorie). L'inacceptable (44) serait certes exclue, de même que (47), QUE-PL ne pouvant s'appliquer dans ce cas que lorsque V est initial de phrase; la dérivation pourrait être bloquée à ce moment-là. Il reste cependant impossible de dériver (48). - Remarquons que les variables extérieures de (26) ne sont pas supprimées, mais simplement omises (cf. Kayne (1972:124)).

92

On peut envisager une règle morphologique, convertissant, dans cette configuration, le pronom en sa forme "faible" *que*. Dans des cas comme (51), parallèles à (52) –

(51) a.   Qu'a-t-il proposé d'intéressant?
     b.   Que devrait-elle voir d'autre?
     c.   Qu'y avait-il d'extraordinaire à sa fête?

(52) a.   Qui as-tu rencontré d'intéressant?
     b.   Qui devrait-elle connaître d'autre?
     c.   Qui y avait-il d'extraordinaire à sa fête?
     d.   A quoi sais-tu jouer d'autre?
     e.   De quoi pouvait-il parler de plus banal?

– *d'autre*, *d'intéressant*, etc. ont été extraposés avant WH-MOVE (cf. le premier chapitre, § 3.2.2.), et celle-ci n'antépose que le pronom tout seul. Lorsque cette extraposition facultative ne s'est pas appliquée, WH-MOVE déplace – contrairement à QUE-PL au paragraphe précédent – aussi bien *quoi* "modifié" que *quoi* tout seul là où il n'est pas modifié, ce qui conduit à des structures du type (50) avec X = *d'autre*, *d'intéressant*, etc. Les phrases incorrectes en *que* – cf. (34) – ne sont donc plus exclues par la règle déplaçant *quoi*; la même chose est vraie de

(53) a.   Qu'a-t-il dit qui mérite d'être retenu?
     b.   Que trouvait-il parfaitement naturel qui semblait très
           bizarre?

En cas de non-application de l'extraposition de relatives, et à la suite de WH-MOVE, on a (50) avec X = une relative. De telles structures – cf. (36) –, de même que celles de (34), pourraient être exclues, d'une façon assez naturelle, pour la même raison que (23) et (27), à savoir parce que *que* ne précède pas immédiatement le verbe et se trouve ainsi dans une position à partir de laquelle il ne peut être cliticisé.[17] Dans tous les autres cas qui ne sont pas exclus de cette manière, l'application de la règle morphologique à *quoi* d'origine postverbale conduirait à des phrases bien formées. Une formulation de cette règle QUOI-MORPH pourrait se servir de la structure (50):

(54) $_{COMP}$[*quoi* X]   -->   *que* 2
                    1   2

_____

17. Un tel mécanisme de filtrage pourrait s'appliquer d'une façon plus générale encore, c'est-à-dire dans d'autres cas que celui de *que* interrogatif où des clitiques en position de non-clitiques doivent être exclus. Pour de tels cas, v. Kayne (1972:124ss.,nn. 71 et 77).

(rappelons que la mention de COMP est nécessaire même dans le cas d'un ordre extrinsèque - cf. p. 84).

La formulation (54) pose immédiatement un problème. Destinée à convertir *quoi* d'origine postverbale, elle s'applique aussi à *quoi* sujet et dérive de (55) les phrases (56) qui sont toujours inacceptables:

(55) a. *Quoi va exploser dans deux minutes?
     b. *Quoi a été choisi?
     c. *Quoi est dans la tasse?
     d. *Quoi sent si mauvais?

(56) a. *Que va exploser dans deux minutes?
     b. *Qu'a été choisi?
     c. *Qu'est dans la tasse?
     d. *Que sent si mauvais?

Le fait de ne pas avoir de forme sujet[18] oppose à nouveau *quoi* à *qui*:[19]

(57) a. Qui arrivera le premier?
     b. Qui a été choisi?
     c. Qui est dans la pièce à côté?
     d. Qui sent si mauvais?

L'absence d'une forme sujet empêche que (55) conduise à des phrases bien for-mées. On pourrait essayer d'exclure (55) et (56) comme structures de surface après avoir laissé s'appliquer QUOI-MORPH librement à tout *quoi* non-préposi-tionnel dans COMP, y compris les *quoi* de (55). L'absence d'un sujet - NP ou clitique - différent de *que* peut faire penser à un filtre marquant comme agram-maticale toute séquence de surface *que V X* où $X \neq \begin{Bmatrix} NP \\ SCL \end{Bmatrix}$, et "laissant passer" de ce fait *que fais-tu, que fait Pierre*. A part le caractère ad hoc - mis en évidence par la disjonction - de ce procédé, qui exclurait effectivement (56), les phrases suivantes, inacceptables pour la même raison que (56), ne pourraient

---

18. *Quoi* est possible dans (55) s'il est accentué, avec une interprétation de question "écho":

    (ai)   QUOI va exploser dans deux minutes?
            QUOI a été choisi?

    Que est exclu dans ce cas.

19. Ainsi qu'à *lequel*:

    (aj)   Lequel arrivera le premier?
            Lequel a été choisi?

En ce qui concerne *qu'est-ce qui*, possible dans (55) "à la place de" *quoi*, je ne le considère pas comme une forme de ce pronom. Le *est-ce que* des interrogatives pose des problèmes particuliers (pour un résumé, v. Langacker (1972)); *qu'est-ce qui* doit être dérivé comme les autres formes complexes *qu'est-ce que* etc. que je n'étudie pas ici.

pas être exclues de cette façon:

(58) a. *Qu'inquiète Jean-François?
     b. *Que te casse les pieds?

Comme le filtre n'est pas capable de distinguer un NP objet d'un NP sujet déplacé par STYL-INV, il ne peut pas exclure *que* "sujet" d'une façon générale.
Il ne reste que de faire s'appliquer un tel filtre avant STYL-INV, et de le
reformuler de façon à exclure toute séquence *que X* où $X \neq NP\ Y$. Comme les clitiques sujets sont encore dominés, à ce stade de la dérivation, par NP, il est
superflu de les mentionner séparément.

Si ce procédé arrive en effet à exclure les phrases indésirables, il semble
néanmoins parfaitement arbitraire dans la mesure où il convertit des *quoi* sujets en des *quoi* objets (du point de vue morphologique) pour les exclure ensuite pour la raison qu'il n'y a pas de forme sujet. Une alternative consisterait alors à restreindre la règle QUOI-MORPH elle-même de façon à ce qu'elle
ne s'applique qu'à des *quoi* d'origine postverbale. Dans une théorie qui ne permet pas de formuler les règles en termes de relations grammaticales telles que
"sujet" ou "objet",[20] il ne reste apparemment qu'à se référer à la catégorie
syntaxique NP dans la position du sujet, ce qui équivaut à dire que QUOI-MORPH
doit s'appliquer également avant STYL-INV. Dans ce cas, elle aurait la forme

$$(59) \qquad _{COMP}[\ quoi\quad X\ ]\ NP\quad Y$$
$$\qquad\qquad\quad 1 \qquad 2 \quad\ 3 \quad 4 \qquad --> \qquad que\ \ 2\ \ 3\ \ 4$$

Les phrases (56) ne sont plus dérivables à présent; il faut cependant un mécanisme supplémentaire pour exclure (55), interdisant, après l'application de
QUOI-MORPH, toute séquence commençant par *quoi*.

La formulation (59) se sert du fait qu'il ne peut y avoir, en la présence
d'un sujet, qu'un *quoi* d'origine postverbale qui corresponde au terme 1 de la
description structurale. On peut cependant envisager une autre possibilité de
faire référence à la position antérieure de ce *quoi*. Ainsi, un trait assigné
au NP postverbal dans certaines conditions, et avant l'application de WH-MOVE,
permettrait de "coder" l'information concernant son origine, et l'application
de QUOI-MORPH pourrait dépendre du fait que le *quoi* dans COMP est pourvu ou

---

20. Cette interdiction ne concerne pas les conditions sur les règles. - Quant
    à la possibilité d'un traitement en termes relationnels - à savoir en ter-
    mes de *quoi* objet - les phrases (b)-(d) et (i) poseraient un problème sé-
    rieux à une telle approche. Pour une présentation plus détaillée du pro-
    blème de l'objet en français, v. Gross (1969).

non du trait en question. A nouveau, *quoi* non converti en *que* devrait être exclu autrement.

Il serait tentant d'identifier le trait dont on se servirait dans le cas de QUOI-MORPH avec le trait "accusatif" envisagé par Kayne (1975b) pour les pronoms objets directs soumis à CL-PL. On voit cependant que le trait nécessaire pour CL-PL est plus restrictif que celui dont QUOI-MORPH aurait besoin:

(60) a.   C'est moi.
      b. $\begin{Bmatrix} \text{*Ce} \\ \text{*Ça} \end{Bmatrix}$ m'est.

(61) a.   C'est quoi?
      b.   Qu'est-ce?

(62) a.   Il y a eux.
      b.   *Il les y a.

(63) a.   Il y a quoi?
      b.   Qu'y a-t-il?

(64) a.   Il (ne) reste (que) vous.
      b.   *Il vous reste.

(65) a.   Il reste quoi?
      b.   Que reste-t-il?

A moins de trouver un moyen d'expliquer l'inacceptabilité des phrases avec CL-PL par une contrainte indépendante,[21] il faut admettre que les NP suivant *être*, *y avoir*, *rester* ne sont pas pourvus du trait "accusatif", et que ce trait ne peut servir à déclencher l'application de QUOI-MORPH. Il est donc probable que cette règle ressemble à (59).

3.4.   J'ai essayé, dans ce qui précède, de formuler une hypothèse interprétant le mieux possible les faits de *que / quoi* dans un cadre "pronominaliste". Je montrerai dans ce qui suit qu'un tel cadre est inadéquat, et je tenterai de justifier une analyse différente. Dans ce but, je résume de la façon suivante ce que postule l'hypothèse QUOI-MORPH: *que* interrogatif est un pronom, plus précisément la forme clitique objet de *quoi*; cette forme résulte de a) l'antéposition de *quoi* postverbal par WH-MOVE, b) l'application d'une règle morphologique à *quoi* d'origine postverbale, suivie de son attachement au verbe.

---

21. (60b), (62b) et (64b) ne peuvent pas être exclues pour être des séquences indépendamment interdites; cf.

    (ak)   Ça m'est égal.
           Il les y a conduits.
           Il vous reste assez de temps pour le faire.

4.   Faits infirmant l'hypothèse pronominaliste

4.0.   Cette section présente trois genres de faits qui posent des problèmes pour la supposition que *que* est un pronom. Premièrement, elle montre qu'il est impossible de maintenir l'idée que *que* est une forme objet sans qu'il en résultent de graves contradictions. On voit deuxièmement que la "cliticité" implique probablement deux genres de faits différents. Le troisième et principal argument concerne le comportement de *que* dans les enchâssées qui est incompatible avec l'hypothèse du pronom.

4.1.1.   Comme on l'a vu, l'hypothèse QUOI-MORPH fait correspondre, à tout *que* introduisant une interrogative, un *quoi* postverbal en structure sous-jacente, conformément à l'inacceptabilité de (56) et (58). Tel est le cas également dans (66a), dont la dérivation est parallèle à celle de (66b-d), mis à part l'application supplémentaire de QUOI-MORPH:

(66) a.   Que crois-tu que j'ai dit à Jean?
     b.   Qui dit-on qu'il a surpris en flagrant délit?
     c.   A qui veut-elle qu'il s'adresse?
     d.   Où prétend-il qu'elle a caché le butin?

Dans tous ces cas, un mot interrogatif non-sujet a été déplacé, à partir d'une enchâssée, dans la position initiale de la principale. Dans le cas de *quoi* sujet, étant donné l'inacceptabilité de (56) et (58), on doit s'attendre à ce que *que* soit exclu dans une structure analogue à (66). En fait, (67), dérivée de (68), est acceptable pour les locuteurs acceptant (69):[22]

(67)   Que crois-tu qui est tombé?

(68)   tu crois $_S$[COMP quoi est tombé]

(69)   Qui crois-tu qui est venu?

     La comparaison de (67) et

(70)   *Qu'est tombé?

montre que, dans l'hypothèse QUOI-MORPH, la forme objet est aussi celle du sujet, mais seulement lorsqu'il est déplacé dans une phrase supérieure. A moins d'admettre une dérivation particulière dans le cas de (67), différente de celle en jeu dans (66), on doit supposer que le *quoi* de (68) ne s'est pas trouvé, au

---

22. Les phrases du type (69) ont été étudiées dans Moreau (1971). Certaines restrictions concernant l'acceptabilité des analogues *celui que je crois qui est venu* sont mentionnés dans Kayne (1975a:76).

cours de la dérivation, en position postverbale; autrement dit, qu'il n'y a pas, dans la dérivation de (67), une étape intermédiaire (71) analogue à (72):

(71)   tu crois quoi $_S$[COMP est tombé]

(72)   tu crois quoi

QUOI-MORPH, formulée comme (54) ou comme (59), dérive correctement (67) à con-dition de s'appliquer après (la dernière application de) WH-MOVE, ce qui équi-vaut au fait de ne pas tenir compte de la position originale de *quoi*. Parler d'une forme objet de *quoi* n'est alors plus justifié; il faudrait modifier l'hy-pothèse pronominaliste de façon à dire que le pronom interrogatif *que* corres-pond à *quoi* postverbal de la même phrase ou d'une inférieure, et à *quoi* sujet uniquement d'une inférieure, une affirmation bizarre qui semble totalement ad hoc. Dans l'éventualité d'une formulation en termes d'un trait - accusatif ou autrement postverbal - QUOI-MORPH ne s'appliquerait pas, puisque *quoi* ne pour-rait pas être marqué pendant la dérivation de (67) - qui de ce fait ne serait pas engendrable, sa structure sous-jacente

(73)   quoi tu crois que est tombé

étant éliminée par le mécanisme nécessaire pour exclure *quoi est tombé*.

4.1.2. L'existence d'une structure intermédiaire (71), correspondant à

(74)

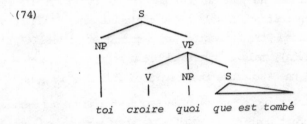

semblerait néanmoins plus plausible si, en suivant une suggestion de M. Gross (que m'a signalée R. Kayne), on admettait que les sujets enchâssés sous des verbes comme *croire* sont facultativement soumis à une transformation de montée en position d'objet. Comme l'a remarqué Kayne, cela rendrait compte, dans l'hy-pothèse que cette montée est préservatrice de structure, du contraste

(75)   la fille que je crois qui est venue

(76)   *la fille qu'il est probable qui est venue

(75) serait dérivée de (77), et (76) de (78):

(77)   la fille [COMP je crois [COMP laquelle est venue]]

(78)   la fille [COMP il est probable [COMP laquelle est venue]]

Comme une structure de base *être AP NP* ne semble pas justifiable en français, (76) n'aurait pu être dérivée que par la violation du caractère de la règle, en passant par

(79)   la fille [COMP il est probable laquelle [COMP est venue]]

La montée serait par contre possible dans le cas d'un verbe sans NP objet, *V NP* étant une structure engendrable par les règles de la base. En ce qui concerne (67), la phrase résulterait par conséquent d'une dérivation différente en effet de celle de (66), cela du fait que *quoi* est un sujet dans la structure sous-jacente (68), donc soumis à la montée facultative (qui précéderait WH-MOVE). Les mots interrogatifs dans (66), par contre, n'étant pas des sujets, ne satisfont pas la description structurale de la règle de montée et sont directement antéposés par WH-MOVE. L'ex-sujet *quoi* ne l'est qu'à partir de sa nouvelle position postverbale (où, le cas échéant, il pourrait être marqué de façon à déclencher QUOI-MORPH ultérieurement).[23] Dans ces conditions, l'hypothèse pronominaliste semble sauvée, prédisant correctement les faits et proposant une explication plausible.

L'hypothèse de cette montée[24] n'est cependant pas tenable. Premièrement, elle repose sur la supposition douteuse que WH-MOVE est facultative et qu'elle peut donc ne pas s'appliquer au *quoi* de (68) pendant le cycle sur l'enchâssée (la règle de montée ne serait applicable qu'au cycle suivant).[25] Il se peut que cette difficulté puisse être surmontée (en particulier si WH-MOVE n'opère pas par étapes successives), mais un autre problème se pose. La montée conduirait à partir de (80) à une structure intermédiaire (81) donnant (82):

(80)   il croit [COMP combien de PRO sont arrivés en retard]

(81)   il croit combien de PRO [COMP sont arrivés en retard]

---

23. Lorsque la règle de montée ne s'applique pas, *quoi*, restant un sujet, se retrouverait dans le COMP supérieur, et la phrase serait exclue.

24. Montée à distinguer d'une autre règle, la FORMATION D'OBJET (FO) proposée dans Ruwet (1975b), et qui concerne également, entre autres, le verbe *croire*, dans des phrases comme (al):

    (al)   On croyait ton frère plus habile que ça.
    (am)   Je trouve ton attitude parfaitement décevante.

25. Kayne (1972:96s.) donne des arguments tendant à montrer que WH-MOVE est une règle obligatoire.

(82)   ⁂Combien en croit-il qui sont arrivés en retard?

la seule forme acceptable étant

(83)   Combien croit-il qui sont arrivés en retard?

La prédiction incorrecte pour (82) résulte précisément de l'hypothèse de montée, plaçant le sujet enchâssé en position d'objet (supérieur) où de PRO est soumis à CL-PL. (82) doit alors être exclue ad hoc en face de

(84)   Combien en as-tu rencontrés?

(85)   ⁂Combien as-tu rencontrés?

De la même manière, il faudrait exclure ad hoc que WH-MOVE s'applique dans (87) de façon à n'antéposer que *combien* (elle doit évidemment pouvoir s'appliquer au NP entier):

(86)   il croit [COMP combien de personnes sont arrivées en retard]

(87)   il croit combien de personnes [COMP sont arrivées en retard]

(88)   ⁂Combien croit-il de personnes qui sont arrivées en retard?

(89)   Combien de personnes croit-il qui sont arrivées en retard?

La restriction nécessaire sur WH-MOVE paraît arbitraire en face de

(90)   Combien a-t-il rencontré de personnes? [26]

Rappelons que l'intérêt de la règle de montée pour l'analyse de *que* se trouvait dans le déplacement d'un sujet vers la position d'un objet supérieur, ce qui permettait une explication de la forme de surface *que* correspondant à un sujet enchâssé sans permettre pour autant *que* correspondant à *quoi* sujet non-enchâssé. On vient de voir que l'hypothèse de la règle de montée obligerait à admettre des restrictions arbitraires sur plusieurs règles précisément à cause de ce déplacement, restrictions qui vont d'ailleurs à l'encontre de l'idée, pourtant défendue par cette hypothèse, que les éléments ainsi montés deviennent des objets. Il en résulte que l'hypothèse de la montée est extrêmement peu plau-

---

26. Il semble en effet que les structures qui résulteraient de l'application de la règle de montée devraient être interdites en général comme "inputs" possibles de règles de déplacement. De même que dans les deux cas cités, me signale R. Kayne, il faudrait exclure l'application de PASSIF à des structures de ce genre pour exclure (ap); cf. (aq) qui est acceptable:

(an)   Δ suppose [COMP qui est venu]

(ao)   Δ suppose qui [COMP est venu]

(ap)   ⁂Qui est supposé qui est venu?

(aq)   Qui est supposé être venu?

sible en français, et que la structure (74) n'existe le plus probablement pas dans la dérivation de (67).[27] Il n'est alors pas possible de dire que *que*, dans (67), correspond à un *quoi* objet, et l'hypothèse pronominaliste continue à devoir affirmer, sans explication, que la forme objet *que* peut également être celle du sujet, mais uniquement d'un sujet provenant d'un niveau plus enchâssé.

4.2.   Un deuxième problème pour l'hypothèse QUOI-MORPH est lié à la supposition que *que* interrogatif est un pronom clitique. L'apparente cliticité promettait, comme on l'a vu au § 3.3., de rendre compte d'une façon uniforme de l'inacceptabilité de (23) et (27), et de (34) et (36).

Il a été noté[28] que lorsqu'on ajoutait *diable* à *que* interrogatif, aussi bien l'inversion complexe que les incises devenaient acceptables:

(23)   *Que Marie cherche-t-elle?

(91)   Que diable Marie cherche-t-elle?

(27)   *Que, à ton avis, va-t-il se passer maintenant?

(92)   Que diable, à ton avis, va-t-il se passer maintenant?

Autrement dit, pouvant "s'appuyer" sur *diable*, *que* permettait la séparation du verbe; *que diable* n'était plus clitique. On s'attendrait alors que les phrases analogues à (34) et (36) soient également bonnes:

(34)   *Que d'intéressant a-t-il proposé?
(36)   *Que qui mérite d'être retenu a-t-elle dit?

(93)   *Que diable d'intéressant a-t-il proposé?
(94)   *Que diable qui mérite d'être retenu a-t-elle dit?

(95) et (96) montrent que l'inacceptabilité inattendue de *que diable* dans ces cas n'est pas due à une incompatibilité entre *diable* et le complément:

(95)   Qui diable d'intéressant a-t-elle pu rencontrer?
(96)   ?A qui diable qui connaît bien Marie pourrais-je m'adresser?

Bien que la syntaxe de *diable* ne me soit pas encore claire dans les détails, l'acceptabilité de (91) et (92) et l'inacceptabilité de (93) et (94) me semblent montrer que deux facteurs différents sont en jeu dans la "cliticité" de *que*, et que celle-ci n'a pas le même statut que celle des pronoms personnels.

---

27. A noter que la règle de montée serait exclue par les contraintes proposées dans Chomsky (1971). Si elle suivait WH-MOVE (j'ai admis le contraire), elle déplacerait un élément à partir de COMP dans une position autre que COMP. Si elle précédait WH-MOVE, elle violerait la condition sur les phrases à temps fini.

28. Cf. Moignet (1967:89s.); Kayne (1972:114).

Le parallélisme, affirmé par l'hypothèse pronominaliste, entre *que / quoi* et les pronoms personnels clitiques / non-clitiques est donc douteux.[29]

4.3.   Le problème le plus grave qui se pose à l'hypothèse pronominaliste concerne les interrogatives enchâssées ("questions indirectes"). Comme dans le cas des non-enchâssées, *qui* et *quoi* apparaissent de façon parallèle dans les PP:

(97) a.   J'ai oublié à $\begin{Bmatrix} \text{qui} \\ \text{quoi} \end{Bmatrix}$ il fait allusion dans son pamphlet.

b.   Dites-moi en $\begin{Bmatrix} \text{qui} \\ \text{quoi} \end{Bmatrix}$ on peut encore avoir une confiance aveugle.

c.   On se demande sur $\begin{Bmatrix} \text{qui} \\ \text{quoi} \end{Bmatrix}$ il compte pour réussir ce coup.

d.   Je ne sais pas par $\begin{Bmatrix} \text{qui} \\ \text{quoi} \end{Bmatrix}$ elle a été tellement impressionnée.

e.   Olga voudrait savoir contre $\begin{Bmatrix} \text{qui} \\ \text{quoi} \end{Bmatrix}$ ils se sont tous mis en colère.

f.   Je ne peux pas deviner derrière $\begin{Bmatrix} \text{qui} \\ \text{quoi} \end{Bmatrix}$ ils se cachent.

On retrouve le contraste entre *qui* et *quoi* NP:

(98) a.   Dis-moi qui tu as remarqué au premier rang.
b.   Je veux savoir qui vous cherchez.
c.   Tu ne devines pas qui ils attendent avec une telle impatience?

(99) a.   *Dis-moi quoi tu as remarqué au premier rang.
b.   *Je veux savoir quoi vous cherchez.
c.   *Tu ne devines pas quoi ils attendent avec une telle impatience?

Dans l'hypothèse plausible que les interrogatives peuvent être simplement enchâssées sous les verbes *dire, savoir, deviner*, etc. l'hypothèse pronominaliste prédit correctement l'inacceptabilité de (99). Elle prédit en même temps que les phrases suivantes, où QUOI-MORPH a converti *quoi* initial de phrase à la suite de WH-MOVE, sont acceptables:

(100) a.   *Dis-moi que tu as remarqué au premier rang.
b.   *Je veux savoir que vous cherchez.
c.   *Tu ne devines pas qu'ils attendent avec une telle impatience?

On pourrait essayer de défendre l'hypothèse pronominaliste en affirmant que les phrases (100) sont inacceptables pour la même raison que (101), impossibles même en français parlé où les phrases (102) sont possibles:

_____

29. Cf. aussi la fin de la n. 12.

(101) a. *Que tu as remarqué?
      b. *Que vous cherchez?
      c. *Qu'ils attendent?

(102) a. Qui tu as remarqué?
      b. Qui vous cherchez?
      c. Qui ils attendent?

On observe cependant que les enchâssées à sujet permuté par STYL-INV sont toujours inacceptables, en face des phrases acceptables (21):

(21) a. Que cherche Marie?
     b. Que serait ta réponse?
     c. Que sont devenus les Dalton?

(103) a. *Sais-tu que cherche Marie?
      b. *Dis-moi que serait ta réponse.
      c. *On ne sait pas très bien que sont devenus les Dalton.

Que interrogatif est donc impossible d'une façon générale dans les enchâssées à temps fini. On trouve des faits parallèles à (97)-(100) dans le cas de compléments sujets du genre *S ne m'est pas clair*:

(104) a. Sur $\left\{\begin{matrix} qui \\ quoi \end{matrix}\right\}$ il compte ne m'est pas clair.

      b. Qui il cherche ne m'est pas clair.

      c. *Quoi il cherche ne m'est pas clair.

(105)   *Qu'il cherche ne m'est pas clair.

et dans le cas des compléments objets de *voilà S* du genre

(106) a. Voilà sur $\left\{\begin{matrix} qui \\ quoi \end{matrix}\right\}$ il compte.

      b. Voilà qui il cherche.

      c. *Voilà quoi il cherche.

(107)   *Voilà qu'il cherche.[30]

Si on a affaire, dans (104)-(107), à des interrogatives, l'hypothèse pronominaliste exclut à nouveau correctement les phrases c et prédit incorrectement que les phrases (105) et (107) sont bonnes. Il est en effet plausible que les

---

30. Cette construction *voilà S* doit être distinguée de

    (ar)   Voilà qui est tout à fait surprenant.
              Voilà qui me déplaît profondément.

    où *qui* est une anaphore de phrase et ne peut pas référer à un +*hum*:

    (as)   *J'ai revu Max$_i$; voilà qui$_i$ m'est insupportable.

    (la phrase est bonne si *qui* réfère à *j'ai revu Max*). Cf. pour cette construction Ruwet (1975b).

enchâssées de (104)-(107) sont des interrogatives. Premièrement, elles permettent, comme (108)/(109), *est-ce que*:

> (108) a.   De quoi est-ce qu'il parle?
>   b.   D'où est-ce qu'il vous a écrit?
>   c.   A combien de journaux est-ce que tu es abonné?
>
> (109) a.   Je ne sais pas du tout de quoi est-ce qu'il parle.
>   b.   Devinez d'où est-ce qu'il vous a écrit.
>   c.   Dis-moi à combien de journaux est-ce que tu es abonné.
>
> (110) a.   Sur $\begin{Bmatrix} \text{qui} \\ \text{quoi} \end{Bmatrix}$ est-ce qu'il compte ne m'est pas clair.
>   b.   Qui est-ce qu'il cherche ne m'est pas clair.
>
> (111) a.   Voilà sur $\begin{Bmatrix} \text{qui} \\ \text{quoi} \end{Bmatrix}$ est-ce qu'il compte.
>   b.   Voilà qui est-ce qu'il cherche.[31]

Est-ce que n'est pas possible dans les relatives "libres" auxquelles (104)-(107)
pourraient faire penser:

> (112) a.   Il embête qui il peut.
>   b.   Il dit du bien de qui tout le monde dit du mal.
>
> (113) a.   *Il embête qui est-ce qu'il peut.
>   b.   *Il dit du bien de qui est-ce que tout le monde dit du mal.

Deuxièmement, les constructions du type (104)-(107) admettent des mots *wh* qui
ne sont pas possibles dans les relatives libres:

> (114) a.   Pourquoi Olga le boude ne m'est pas clair.
>   b.   Comment on enlève le joint de culasse ne m'est pas clair.
>   c.   Quelle pourra être la réponse d'Oscar ne m'est pas clair.
>
> (115) a.   Voilà pourquoi Olga le boude.
>   b.   Voilà comment on enlève le joint de culasse.
>   c.   Voilà quelle a été la réponse d'Oscar.

---

31. *Est-ce que* permet *que* interrogatif dans les enchâssées:

> (at)   Dis-moi qu'est-ce que tu as remarqué.
>   Je veux savoir qu'est-ce que vous cherchez.
>   Qu'est-ce qu'il cherche ne m'est pas clair.
>   Voilà qu'est-ce que j'ai remarqué.

Cette possibilité est peut-être liée au caractère "figé" ou "semi-figé" de
est-ce que (Kayne (1972) note ce cas exceptionnel de SUBJ-CL-INV dans les enchâssées); je ne sais cependant pas comment. A noter que *est-ce que* est ressenti comme moins relevé avec *que* qu'avec les autres mots interrogatifs, et
que *qu'est-ce que* n'est pas possible dans les exclamatives enchâssées:

> (au)   Qu'est-ce que j'aime le boudin blanc!
>   Qu'est-ce qu'il est snob!
>
> (av)   *?Tu n'imagines pas qu'est-ce que j'aime le boudin blanc!
>   *?C'est fou qu'est-ce qu'il est snob!

(116) a. *Olga boude pourquoi elle veut.
b. *J'ai enlevé le joint de culasse comment tu m'as dit de le faire.
c. *Il lui donnera quelle réponse il trouvera.

On peut donc résumer le problème que posent les phrases (100)/(103), (105) et (107) de la façon suivante: une interrogative - enchâssée ou non - peut être introduite par un pronom interrogatif; si *que* interrogatif est un pronom, on peut rendre compte des questions directes en *que*. L'hypothèse pronominaliste, qui affirme le caractère pronominal de *que*, n'offre cependant aucune explication pour le fait que ce même "pronom" ne peut introduire des questions enchâssées. On ne voit pas, par exemple, comment le caractère clitique ou atone qui distingue *que* des pronoms interrogatifs possibles dans les enchâssées pourrait expliquer les faits, étant donné qu'il ne gêne pas dans les interrogatives non-enchâssées.[32]

L'idée que *que* "interrogatif" n'est pas un pronom interrogatif pourrait être étayée si des faits parallèles étaient observables dans des constructions autres qu'interrogatives. Une telle construction est celle des relatives sans antécédent lexical (cf. (112)),[33] où on a

(117) a. Marie épousera qui elle voudra.
b. Marie épousera qui la voudra.

(118) a. *Arthur boit quoi il trouve.
b. *Arthur aime quoi lui résiste.

(119) a. *Arthur boit qu'il trouve.
b. *Arthur aime que lui résiste.

Ces phrases sont dérivées de structures relatives avec un NP antécédent pronominal ou vide. On a ainsi les structures sous-jacentes

(120) a. Arthur boit $_{NP}[\ _{NP}[\ \Delta\ ]\ _S[$ il trouve quoi $]]$
b. Arthur aime $_{NP}[\ _{NP}[\ \Delta\ ]\ _S[$ quoi lui résiste $]]$

L'hypothèse QUOI-MORPH pourrait rendre compte d'une façon intéressante de l'inacceptabilité de (118) si elle était élargie à *quoi* non-interrogatif de façon à dire que là aussi *quoi* initial est impossible. A nouveau, elle serait cepen-

---

32. D'autant moins que tous les pronoms clitiques peuvent apparaître dans les enchâssées:

(aw) Pierre croit qu'on a été floués.
Le fait que ce soit faux ne m'inquiète pas.
Ça fait longtemps qu'il ne m'en a pas parlé.

33. Cf. la discussion dans Baker (1970).

dant incapable de rendre compte de l'inacceptabilité de (119a), c'est-à-dire
de la forme "objet" du pronom dans une enchâssée. Le parallélisme des *quoi/que*
"interrogatifs" et "relatifs" conduit à penser qu'il est souhaitable de trouver une solution commune pour tous les cas où ils sont exclus, solution qu'il
est cependant difficile de voir dans le cadre de l'hypothèse QUOI-MORPH.

Il semble néanmoins que même une solution uniforme pour les interrogatives
et les relatives libres n'est pas encore suffisamment générale. Il y a en effet
un autre type de phrases comportant *que* dans les non-enchâssées et ne le permettant pas dans les enchâssées. Soit les exclamatives

(121) a. Que j'ai rencontré de gens aujourd'hui!
     b. Que ta soeur m'agace!
     c. Que la vie est amère quand on la boit sans sucre!

(122) a. *Tu ne t'imagines pas que j'ai rencontré de gens aujourd'hui!
     b. *C'est fou que ta soeur m'agace!
     c. *C'est incroyable que la vie est amère quand on la boit sans
         sucre!

L'inacceptabilité de (122) est d'autant plus intéressante dans le contexte de
l'hypothèse pronominaliste qu'elle ne semble pas mettre en jeu le pronom *quoi*
ni une forme pronominale objet *que*. Si la supposition est correcte que le *que*
de (121) n'est pas un pronom, et si une explication commune est possible pour
les trois cas d'inacceptabilité de *que* enchâssé, son inacceptabilité dans (122)
exclut une solution adéquate dans le cadre de l'hypothèse pronominaliste. En
examinant dans la prochaine section l'hypothèse alternative QUE-COMP, j'essaierai
de montrer qu'elle constitue une telle solution adéquate. En même temps, on verra
qu'elle propose des réponses aux deux autres questions soulevées dans les §§ 4.1.
et 4.2.

5.   L'hypothèse QUE-COMP

5.0.   Cette section propose une analyse dans laquelle *que* "interrogatif" est
considéré comme le complémenteur.

Le premier paragraphe présente l'hypothèse d'une façon générale et montre
que la règle d'effacement s'applique à *quoi*, et non à la catégorie NP. Le deuxième paragraphe donne une solution du problème de *que* "sujet enchâssé" et étudie la question de l'exclusion de *que* "sujet non-enchâssé". Au troisième paragraphe, j'examine l'apparition de *quoi* dans les infinitivales; à la suite de
la comparaison avec les relatives infinitivales, elle est attribuée à l'impossibilité du complémenteur *que* dans les enchâssées à l'infinitif. Je propose

au § 5.4. une formulation de la règle d'effacement de *quoi* qui présuppose que le noeud COMP domine deux positions qui peuvent être remplies en même temps au cours de la dérivation. Cette structure de COMP et la distribution de ses éléments en structure de surface sont discutées au § 5.5. Le sixième paragraphe propose une formulation de la règle qui rend compte, dans les non-enchâssées, de la distribution du complémenteur en structure de surface. Le septième paragraphe présente la construction qui "remplace" les interrogatives enchâssées en *que* et propose une explication pour leur inacceptabilité; cette explication s'applique, d'une façon analogue, aux relatives libres et aux exclamatives.

5.1.   Comme je l'ai déjà dit dans l'aperçu de l'hypothèse QUE-COMP au § 2., *que* introduisant des interrogatives y est considéré comme le complémenteur; en d'autres mots, il est rapproché de ou identifié avec le *que* servant d'introducteur de phrase dans

(123) a.   Exigeons que soit mis fin à cette pratique.
      b.   Le fait que l'hypothèse est bizarre n'implique pas qu'elle
            soit fausse.
      c.   Ce dispositif veille à ce que la pollution atmosphérique
            soit maintenue constante.
      d.   Les vieux vêtements qu'affectionne Félicien ...
      e.   Il est plutôt gras que musclé.
      f.   Peut-être que le lait avait tourné.
      g.   Si affamé que tu sois, on ne mangera que dans cinq heures.

ce qui exclut a priori un *que* interrogatif ailleurs qu'en position initiale de phrase. N'étant pas une variante morphologique de *quoi*, *que* ne remplace pas le pronom *-obj*; il apparaît plutôt à la suite de la disparition de *quoi*, causée par une règle d'effacement que j'appellerai PAS-DE-QUOI. Cette règle s'applique à la suite de WH-MOVE dans les phrases du type (124) et (125), rendant compte ainsi de leur inacceptabilité:

(124)   *Quoi cherchez-vous?

(125)   *Je veux savoir quoi vous cherchez.

Que doit être engendré librement dans le COMP de toutes les phrases (cf. la n. 4); la phrase (126) résulte automatiquement de son apparition, ainsi que l'inacceptable (127) sur laquelle je reviendrai au § 5.7.:

(126)   Que cherchez-vous?

(127)   *Je veux savoir que vous cherchez.

A la différence de la règle REL-NP-DEL qui efface, dans les relatives, tous les NP relativisés, PAS-DE-QUOI s'applique uniquement dans le cas de *quoi*, et non dans celui de *qui*, *lequel*, permettant ainsi (128) et (129) en face de (130) et (131), exclues par REL-NP-DEL:

(128)   Qui as-tu invité?

(129) a.   Lequel a-t-on arrêté?
      b.   Lesquelles aurait choisies sa femme?

(130)   *Le collègue qui j'ai invité ...

(131) a.   *Le faussaire lequel on a arrêté ...   34
      b.   *Les peintures lesquelles aurait choisies sa femme ...

La question se pose de savoir si PAS-DE-QUOI efface, comme REL-NP-DEL, des NP dans COMP (c'est-à-dire antéposés par WH-MOVE) d'une façon générale, ou seulement le mot *quoi*. La solution choisie détermine entre autres la manière dont sont exclus *que d'autre*, *que d'intéressant*, *que qui mérite d'être retenu* (cf. le § 4.2.). En s'inspirant de la règle de Kayne (1975a), on pourrait admettre que le NP entier dans COMP est effacé. L'apparition subséquente de *que* donnerait alors la dérivation suivante:

(132) a. $_{NP}$[quoi d'intéressant] as-tu vu

      b. $_{NP}$[quoi qui mérite d'être retenu] a-t-il dit

                  PAS-DE-QUOI

      a.   Ø   as-tu vu
      b.   Ø   a-t-il dit

                  apparition de *que*   35

(133) a.   Qu'as-tu vu?
      b.   Qu'a-t-il dit?

La phrase (133), résultant d'un tel effacement, est clairement impossible avec l'interprétation de (132). Comme dans le cas des relatives, la condition de récupérabilité marquerait comme agrammaticale toute phrase obtenue au moyen d'un effacement de matériel impossible à retrouver.[36] La phrase (132) est exclue elle-même par le caractère obligatoire de PAS-DE-QUOI. Une formulation de PAS-DE-QUOI pourrait se servir, dans cette optique, de la spécification NP $_{-hum \atop -déf}$

(le trait *wh* étant superflu si la description structurale mentionne COMP). Le

---

34. Cf.

    (ax)   Le faussaire avec lequel on a vu Picasso ...
             Les peintures auxquelles avait pensé sa femme ...

35. Le moment d'apparition de *que* n'est pas encore important ici. Je suggérerai plus loin qu'il doit en fait précéder l'application de PAS-DE-QUOI.

36. Cf. Chomsky (1965).

trait *-hum* exclut *qui*, le trait *-déf* exclut *lequel* de l'effacement (si *qui* est différent de *-déf*, comme le suggère le contraste

(134) a. *Qui a-t-il été choisi?
     b. *Lequel a-t-il été choisi?

(135)   Qu'a-t-il été choisi?

le trait *-hum* n'est pas nécessaire non plus).

Une alternative consisterait à concevoir une règle n'effaçant que *quoi* tout seul. Dans ce cas, *que d'intéressant, que qui mérite d'être retenu* seraient exclus autrement que dans la dérivation (132)-(133). En effet, j'essaierai de montrer au § 5.4. que *que* n'apparaît pas à la place de *quoi*, en s'y substituant dans la même position, mais après, et, d'une façon générale, à droite des mots antéposés par WH-MOVE. On aurait donc une dérivation du genre suivant:

(136) a. quoi d'intéressant as-tu vu
     b. quoi qui mérite d'être retenu a-t-il dit

          PAS-DE-QUOI

     a. Ø   d'intéressant as-tu vu
     b. Ø   qui mérite d'être retenu a-t-il dit

          apparition de *que*

(137) a. *D'intéressant qu'as tu vu?
     b. *Qui mérite d'être retenu qu'a-t-il dit?

et il serait impossible d'obtenir *que* dans la position précédant les compléments (*de AP* ou phrase relative); les séquences inacceptables (137) devraient être exclues autrement.

Qu'il ne soit pas possible de concevoir PAS-DE-QUOI comme une règle effaçant simplement "NP dans COMP" ressort des faits suivants. Rappelons que REL-NP-DEL est formulée de façon à exclure les phrases du type (138) en face de (139):

(138) a. *Le peintre le modèle de qui tu veux séduire ...
     b. *La maison la cave de laquelle était submergée ...

(139) a. Le peintre avec le modèle de qui t'a vu ta belle-mère ... /
     b. La maison dans la cave de laquelle on a découvert le
          ministre kidnappé ...

Or les interrogatives correspondant à (138) sont bonnes:

(140) a. Le modèle de qui veux-tu séduire?
     b. La cave de laquelle était submergée?

La spécification $\begin{smallmatrix} -hum \\ -déf \end{smallmatrix}$ empêcherait correctement PAS-DE-QUOI, conçue comme une règle effaçant tout NP non différent de ces traits, de s'appliquer; la règle effacerait cependant les NP dans (141), ce qui n'est pas souhaitable:

(141) a.   Un livre de qui as-tu lu?
      b.   Trois pièces de laquelle ont été submergées?

Il serait également faux de permettre un effacement limité aux NP *-déf* comportant *quoi*:

(142) a.   Un livre sur quoi veux-tu écrire?
      b.   Une exposition de quoi a été interdite?

PAS-DE-QUOI dans la version "effacement de NP" est donc exclu; la règle doit mentionner *quoi*. Néanmoins, quant aux compléments de *quoi*, je suggérerai au § 5.4. que les dérivations correspondent plutôt à (132)-(133) qu'à (136)-(137).

5.2.   Quant à l'effacement de *quoi* d'origine postverbale en face de *quoi* d'origine préverbale - cf.

(66) a.   Que crois-tu que j'ai dit à Jean?
(67)   Que crois-tu qui est tombé?

- l'hypothèse QUE-COMP prédit simplement la bonne formation de la dernière. PAS-DE-QUOI, en tant que règle d'effacement, s'applique à tout *quoi* non-prépositionnel dans COMP, expliquant par là également l'impossibilité de

(143)   "Quoi est tombé?

Le *que* de (67) étant considéré comme le complémenteur, il n'y a pas le problème d'une forme "objet" correspondant à un sujet. Il reste le problème de

(70)   "Qu'est tombé?

La phrase résulte, dans l'hypothèse QUE-COMP, de l'application de PAS-DE-QUOI et de l'apparition de *que*. La règle QUE-QUI, dans la formulation de Kayne (1975a: 38),

(144) X que V Y
           1   2   3   4   --> 1 *qui* 3 4

qui s'applique sans problème au *que* enchâssé de (67), dérive incorrectement

(145)   Qui est tombé?

qui n'est pas acceptable avec le sens *-hum*. On pourrait penser à ajouter la condition que, dans (144), $X \neq \emptyset$. Cette condition ne permettrait pas de dériver (145) de (70); d'autre part, elle ne gênerait pas le fonctionnement correct de la règle dans les autres cas où elle est censée s'appliquer, et qui impliquent toujours un enchâssement; cf.

(146) a.   Le taille-crayon qui est dans la vitrine plaît à Max.
b.   C'est le ramoneur qui l'a dit, pas ma soeur.
c.   Qui crois-tu qui l'a dit?
d.   Il l'a rencontrée qui sortait de chez le capilliculteur.

QUE-QUI semble donc une règle restreinte aux enchâssées, ce qui expliquerait pourquoi *que* peut être converti dans (67), mais pas dans (70). Une telle restriction pourrait s'expliquer par la supposition que l'application de la règle dépend de l'extraction du sujet hors de $\bar{S}$;[37] une telle extraction est clairement en jeu dans (146c); elle l'est également dans (146b) (cf. Moreau (1971)), et elle est postulée pour les relatives restrictives (cf. (146a)) dans Vergnaud (1974). Il est cependant probable que (146d) ne met pas en jeu une extraction, mais l'effacement du sujet de l'enchâssée;[38] de plus, les relatives non-restrictives - cf.

(147)   Ce taille-crayon, qui est en acier inoxydable, ...

ne semblent pas dérivées non plus au moyen d'une extraction (cf. Vergnaud (1974)). Deux possibilités restent alors: ou bien QUE-QUI s'applique uniquement dans les enchâssées, et cette propriété est explicable d'une manière qui ne met pas en jeu l'extraction du sujet, ou bien QUE-QUI s'applique également dans les non-enchâssées. Dans le premier cas, on aurait une règle de type inhabituel, à savoir l'"inverse" d'une transformation radicale.[39] De plus, la non-application de QUE-QUI à (70) n'exclut pas la phrase elle-même. Dans le deuxième cas, QUE-QUI s'applique à (70) et en dérive (145), inacceptable avec l'interprétation -*hum* de *qui*.[40] R. Kayne m'a suggéré une règle interprétative

---

37. Une telle extraction a eu lieu dans (67); dans (70), le sujet *quoi* n'a été déplacé que hors de S, dans le COMP de $\bar{S}$.

38. Une telle analyse, qui est d'ailleurs compatible avec le principe A-sur-A, pourrait rendre compte des différences entre cette construction et la construction relative; cf. Kayne (1975b:126ss.)

39. Cf. la notion de "root transformation" dans Emonds (1970).

40. Encore au XVIIe siècle, *qui* interrogatif pouvait référer à des -*hum*. Moignet (1967:83) signale le vers de La Fontaine

(ay)   Qui fait l'oiseau? C'est le plumage.

Haase (1969:88) donne

(az)   Je vois, Seigneur Albert, au trouble de vos yeux
que vous savez déjà qui m'amène en ces lieux.

comme exemple de *qui* "neutre" (à noter l'absence de *ce*; cf. le § 5.7.2.). Là où il apparaît encore, cet usage est ressenti comme archaïque:

spécifiant que *qui* introduisant des questions est obligatoirement interprété comme *+hum*. Une telle règle semble moins ad hoc que la solution de la transformation "anti-radicale"; ainsi, une règle interprétative pourrait être nécessaire dans un cas comparable pour l'interprétation correcte des pronoms personnels. Leurs formes "fortes" ne permettent souvent pas l'interprétation *-hum*:

    (148) a.   J'ai parlé de la moquette.
             b.   *?J'ai parlé d'elle.

    (149) a.   Je ne mangerai que ce steack.
             b.   *?Je ne mangerai que lui.

Les formes clitiques ne sont pas soumises à cette restriction:

    (150) a.   Elle est très jolie, sa moquette rose.
             b.   Je le mangerai plus tard, ce steack.

Je dois laisser cette question ouverte, en rappelant que le problème du sujet non-enchâssé se pose également à l'hypothèse QUOI-MORPH qui, selon le cas, doit ou bien exclure ad hoc les sujets convertis en *que* ou bien marquer comme agrammaticales les séquences commençant par *quoi* non converti. L'hypothèse QUE-COMP permet de toute façon de rapprocher l'impossibilité de *que* interrogatif sujet à celle de *que* relatif sujet, *que* étant considéré dans les deux cas comme le complémenteur:

    (151) a.   Le rapport qu'a présenté le délégué ...
             b.   *Le rapport qu'a été présenté par le délégué ...

Pour le reste, ce problème attend encore une solution.[41]

5.3.1. Avant de pouvoir passer à la formulation de PAS-DE-QUOI, il est nécessaire de regarder le cas des interrogatives infinitivales. Contrairement aux

---

    (ba)   Cher monsieur, qui me vaut la surprise et le plaisir de
                votre visite?
            Qui vous menace? - Rien, tout.

(les deux exemples de Sandfeld (1928;1970:309)).

41. N. Ruwet m'a fait remarquer que la notion de "récupérabilité d'un trait" ne permettait pas d'explication non plus: il est vrai que dans les quatre exemples de (146), ainsi que dans (147), la différence entre un *+hum* et un *-hum* est toujours récupérable à l'aide du NP antécédent, ce qui n'est pas le cas dans (145). On pourrait cependant s'attendre à ce que cette phrase permette les deux interprétations, et à ce que (bb) soit possible, l'interprétation *+hum* étant exclue par le trait de sélection du verbe; or (bb) est inacceptable:

    (bb)   *Qui s'est passé?

interrogatives à temps fini, celles-ci ne comportent pas de sujet; ainsi, aux phrases (152) correspondent celles de (153):

(152) a.   Il m'a dit où je trouverai un meilleur gulp.
b.   On se demande quand on pourra déménager.
c.   Je ne sais pas quelle raison je pourrais invoquer.
d.   Il m'a expliqué comment je dois faire.

(153) a.   Il m'a dit où trouver un meilleur gulp.
b.   On se demande quand déménager.
c.   Je ne sais pas quelle raison invoquer.
d.   Il m'a expliqué comment faire.

La possibilité de former des interrogatives enchâssées à l'infinitif dépend de la présence d'un élément *wh* introducteur de la question:

(154) a.   Il se demande s'il prendra du haddock ou de la baleine.
b.   *Il se demande si prendre du haddock ou de la baleine.

si n'est pas un mot *wh*.[42]

A (153) correspondent les phrases suivantes comportant *qui, P qui, P quoi*:

(155) a.   Je me demande qui engager comme palefrenier.
b.   Dis-moi à qui envoyer mes voeux.
c.   Je ne sais pas sur quoi baser l'argumentation.

résultant également de l'application de WH-MOVE dans les enchâssées. Dans le cas de *quoi* non-prépositionnel, l'application de PAS-DE-QUOI donnerait les phrases

---

42. Kayne (1972) note que
  a) *si* ne déclenche pas STYL-INV:

    (bc)   Il se demande quand partira son ami.
               *Il se demande si partira son ami.

  b) on ne trouve pas de source de *si* comparable aux sources possibles de *où*, *qui*, *quoi*, etc. (*wh + quelque part*, *wh + quelqu'un*, *wh + quelque chose*)
  c) contrairement aux mots *wh*, *si* est incompatible avec *est-ce que*:

    (bd)   Je me demande où est-ce que je l'ai déjà vue.
               *Je me demande si est-ce que je l'ai déjà vue.

On peut ajouter que
  d) contrairement à la plupart des mots *wh*, *si* ne peut introduire une "con-cessive"; il semble exclu, pour les locuteurs qui sont prêts à faire cette distinction, pour des raisons plus fortes que les mots *wh*, égale-ment impossibles, *quand* et *comment*:

    (be)   *Quand qu'il arrive, quelqu'un l'attendra à la gare.
               *Comment que tu t'appelles, tu n'entreras pas.

    (bf)   ***Si que tu donnes de tes nouvelles, on pensera parfois à toi.

    (bg)   Que tu donnes de tes nouvelles ou non, on pensera parfois à toi.

(156) a. *?Je me demande que lui offrir pour sa fête.
     b. *Je ne sais pas que répondre à cette question.
     c. *J'ignore que construire sur ce terrain. [43]

Les phrases sont bonnes lorsque *quoi* n'est pas effacé:

(157) a. Je me demande quoi lui offrir pour sa fête. [44]
     b. Je ne sais pas quoi répondre à cette question.
     c. J'ignore quoi construire sur ce terrain.

Après les phrases qu'on a vues jusqu'ici, cette apparition de *quoi* est surprenante. Elle semble liée au caractère infinitival de (157), mais celui-ci ne peut être le seul critère. On trouve en effet la distribution inverse de *que* et *quoi* dans les non-enchâssées à l'infinitif:

(158) a. ??Quoi lui offrir pour sa fête?
     b. ??Quoi répondre à cette question?
     c. ??Quoi construire sur ce terrain?

(159) a. Que lui offrir pour sa fête?
     b. Que répondre à cette question? [45,46]
     c. Que construire sur ce terrain?

---

43. Toutes les phrases du type (156) ne sont pas toujours entièrement rejetées, mais, même acceptées, elles sont considérées comme nettement moins bonnes que celles de (157). Introduites par *savoir*, elles sont plus facilement acceptées qu'avec les autres verbes. Ce fait semble à relier au cas de

    (bh)   Je ne sais que faire.
             Je ne sais qu'en dire.

Ces phrases sont généralement acceptées, mais, mis à part la restriction concernant *savoir*,
 - le choix du verbe n'est pas libre:

    (bi)   Je ne sais que ?prêter à Pierre
                            ?nationaliser dans ce pays
                            ?repasser
                  qu' ??arroser
                       ??offrir à Mathilde

 - *que* doit immédiatement suivre *savoir* (cf. (156b)):

    (bj)   *Je ne sais pas que faire.
             *?Je ne sais plus du tout que faire.

    (bk)   Je ne sais pas quoi faire.
             Je ne sais plus du tout quoi faire.

Cf. Moignet (1967:93). L'apparition de *que* dans les enchâssées du type (bh)-(bi) fait partie d'un style plutôt littéraire et n'est pas productive en général. Je ne sais pas en ce moment pourquoi c'est avec *savoir* que ces phrases sont le plus acceptables.

44. Les jugements sont contradictoires quant à *quoi* au lieu de *que* dans (bh):

    (bl)   ?Je ne sais quoi faire.
             ?Je ne sais quoi en dire.

114

L'apparition de *quoi* est donc restreinte aux enchâssées infinitivales. Comment l'hypothèse QUE-COMP rendra-t-elle compte de ce *quoi*?

5.3.2. En retournant pour un instant à l'analyse des relatives esquissée au § 2.1., comparons l'effacement de *quoi* interrogatif aux données concernant les relatives infinitivales. Kayne (1974:53) constate que la règle d'effacement des NP *wh* proposée pour les relatives à temps fini s'applique également dans les relatives infinitivales, en effaçant les NP, mais pas les PP:

> (160) a. Elle cherche quelqu'un pour qui se sacrifier.
> b. Il cherche quelque chose avec quoi casser des briques.
> c. Il a trouvé une maison dans laquelle installer ses amis.

> (161) a. *Elle cherche quelqu'un qui embêter.
> b. *Il cherche quelque chose quoi mettre ici.
> c. *Il a trouvé une maison laquelle démolir.

Contrairement aux relatives à temps fini, ces dernières phrases ne deviennent pas acceptables lorsque *que* apparaît:

> (162) a. *Elle cherche quelqu'un qu'embêter.
> b. *Il cherche quelque chose que mettre ici.
> c. *Il a trouvé une maison que démolir.

Que est impossible ici, selon Kayne (1974:55), en vertu d'un "general fact about French that sentences whose main verb is an infinitive do not take *que*

---

45. *Que* reste "clitique" dans les infinitivales:

> (bm) *Que, dans cette situation, faire d'autre?
> *Que, en fin de compte, faire contre trois adversaires?

> (bn) *Je ne sais que, dans cette situation, faire d'autre.
> *Je ne sais que, en fin de compte, faire contre de tels adversaires.

Donc n'est accepté que difficilement, contrairement au cas du clitique *quel* (cf. Ruwet (1975:168,186):

> (bo) *?Que donc répondre?

> (bp) ?Quel donc était son meilleur ami?

> (bq) *Quel, à ton avis, était son meilleur ami?

46. Moignet (1967:90) écrit que "*que* alterne avec *quoi* dans l'interrogation délibérative à l'infinitif: *Que répondre? ~ Quoi répondre?*", et (1967:93) que "Le tour *que répondre?* nous semble un archaïsme ... ", mais il semble, selon le contexte, que la dernière citation concerne plutôt les interrogatives enchâssées. Dans les non-enchâssées, *que* est souvent nettement préféré à *quoi*, ce qui pourrait être relié au fait que la tournure relève d'un style plutôt soutenu. Il reste que *Quoi répondre?* est plus facile à accepter que *Quoi répondra-t-elle?* Cf. à ce sujet le § 5.4.

as their complementizer"; les phrases (163) et (164) -

    (163) a.   Olivier aimerait qu'Odile parte.
           b.   Je tiens à ce qu'elle t'explique pourquoi.
           c.   Il faudrait que Max arrose le persil.

    (164) a.   Olivier aimerait partir.
           b.   Je tiens à t'expliquer pourquoi.
           c.   Il faudrait arroser le persil.

contrastant avec

    (165) a.   *Olivier aimerait que partir.
           b.   *Je tiens à (ce) que t'expliquer pourquoi.
           c.   *Il faudrait qu'arroser le persil.

- suggéreraient une "much more general incompatibility between complementizer *que* and infinitives".[47]

Abordons la question de l'apparition de *quoi* dans les interrogatives enchâssées à l'infinitif sous cet aspect. On constate que, dans le cadre de l'hypothèse QUOI-MORPH, on ne peut bloquer l'application de la règle morphologique dans les phrases du type (157) qu'en lui imposant une condition ad hoc - du moins, étant donné l'hypothèse du caractère pronominal de *que*, je ne vois pas à quel autre fait il serait possible de relier une telle condition. Postuler qu'elle existe reviendrait à dire que l'occurrence de *quoi* dans les enchâssées est un hasard, tout comme le serait, au contraire, son apparition dans les non-enchâssées. L'hypothèse QUE-COMP, "enrichie" du principe indépendant concernant la distribution du complémenteur *que*, permet une approche beaucoup plus intéressante.

En effet, on voit immédiatement que l'occurrence de *quoi* dans les interrogatives enchâssées à l'infinitif est parallèle à l'apparition de *à* dans les relatives infinitivales:

    (166) a.   *Je ne sais pas qu'offrir à Jean-Pierre.
           b.   Je ne sais pas quoi offrir à Jean-Pierre.

    (167) a.   *Je cherche quelque chose qu'offrir à Jean-Pierre.
           b.   Je cherche quelque chose à offrir à Jean-Pierre.

---

47. Kayne (1974:54). - Les observations concernant (159) nécessitent de préciser, dans les formulations de Kayne citées ici, qu'il ne s'agit pas des infinitifs en général, mais des infinitifs enchâssés (comme dans les relatives, ou dans (165)) - à moins qu'il ne s'agisse, comme il me l'a fait remarquer, de deux *que* différents, chacun étant un complémenteur (quant à une telle distinction, v. les remarques sur les structures comparatives dans Kayne (1975a)). A titre d'essai, je continuerai à considérer *que* "interrogatif" et le complémenteur dans (163) comme le même élément. Cf. la n. 49.

L'hypothèse QUE-COMP conduit alors à la reformulation suivante des observations de Kayne (cf. cependant la n. 47):

(168)   Le complémenteur *que* est exclu des infinitivales enchâssées.

qui rend compte ainsi de la même façon de (166a) et (167a), en permettant la présence du complémenteur dans (159). Contrairement à l'hypothèse pronominaliste, l'hypothèse QUE-COMP n'oblige pas à considérer la distribution de *que* et *quoi* dans (157) et (159) comme un hasard; elle prédit exactement les faits et exclut la distribution incorrecte a priori.

Une difficulté pour l'hypothèse du complémenteur se trouve dans le fait que les relatives infinitivales en *que* semblent plus rigoureusement exclues que les interrogatives enchâssées correspondantes. Autrement dit, les locuteurs acceptant des phrases telles que

(169)   ?Si au moins je savais que construire sur ce terrain!

n'acceptent pas, même avec des réserves, les relatives du type (162). Si le complémenteur *que* est exclu partout dans les enchâssées à l'infinitif, son apparition, même très limitée, est inconcevable. L'hypothèse QUE-COMP dit donc que pour les locuteurs en question, le *que* des interrogatives enchâssées n'est pas le complémenteur, mais autre chose. Rappelons que les mêmes locuteurs acceptent également (et préfèrent souvent) *quoi*; *que* est donc pour eux une possibilité supplémentaire. A la suite de l'examen de *que* et *quoi* qui précède, il me semble très plausible de supposer qu'il s'agit dans (169) d'un élément qui reste largement en dehors des règles de valeur générale.[48] J'admettrai ici que, dans la grammaire des locuteurs acceptant ce *que*, il s'agit d'une survivance du pronom *que*, existant autrefois à côté du complémenteur, transmise essentiellement par la voie littéraire.[49]

------

48. Il semble clair que *que* a été encore au XVIIe siècle une variante morphologique de *quoi* (comme *qui*; cf. la n. 40); en particulier, *que* pouvait introduire des interrogatives enchâssées (pour *qui*, cf. (az)); cf. les exemples suivants de Haase (1969:87):

    (br)   J'ignorois que ce pouvait être qui lui coloroit ce beau teint.
            Vous êtes fort heureux ... de ne savoir que c'est de souffrir.
            Il ... demande qu'est devenue la sévérité des jugements.

    Les interactions entre *que* pronom et *que* complémenteur doivent être étudiées historiquement. Pour le caractère exceptionnel de *que* pronom dans la langue d'aujourd'hui, cf. les notes 31, 43, 46.

49. Cette supposition pose le problème de la compétence acquise et de la grammaire apprise et des interactions entre les deux. C'est dans cette perspec-

5.4.1. La comparaison des relatives infinitivales et des interrogatives infinitivales enchâssées a suggéré l'idée qu'un même principe, (168), rend compte,
dans les deux cas, de la non-apparition du complémenteur *que*. L'apparition de
quoi reste cependant à expliquer. En effet, si le principe (168), combiné, dans
les relatives, à la règle REL-NP-DEL, suffit pour exclure aussi bien (170) que
(171) -

> (170)   *quelque chose quoi donner à ces pauvres gens
>
> (171)   *quelque chose que donner à ces pauvres gens

- le même principe, combiné à une règle qui efface tout *quoi* non-prépositionnel,
n'est pas pour l'instant capable de prédire l'acceptabilité de

> (172)   Je me demande quoi donner à ces pauvres gens.

-, *quoi* étant normalement effacé, et sa disparition étant "compensée" par l'apparition de *que* qui semble ainsi être la conséquence de l'effacement. Si le
quoi de (172) semble donc bien relié à l'impossibilité de *que*, on ne saurait
apparemment faire appel au principe (168) aussi longtemps que *quoi* n'est pas
effacé - à moins de réintroduire un *quoi* après l'effacement et (à cause de) la
non-apparition de *que*, ce qui soulèverait la question embarrassante de savoir
pourquoi c'est précisément l'élément auparavant effacé qui est introduit, et
non un quelconque autre (cf., quant à cette question, le cas des relatives, où
c'est *à* qui est inséré[50]). Le contraste entre (170) et (172) montre d'ailleurs
que PAS-DE-QUOI - tout en ressemblant sous certains aspects à REL-NP-DEL (cf.
le § 2.2., ainsi que ce paragraphe-ci, plus loin) - efface *quoi* dans d'autres
conditions que celle-ci les NP relativisés.

Il est donc exclu, sur la base des suppositions formulées jusqu'ici, que
le principe (168) explique - du moins qu'il explique tout seul - pourquoi la
non-application de l'effacement obligatoire conduit à la phrase acceptable
(172); cela d'autant plus que la non-application d'une règle obligatoire, im-
posée par un principe indépendant, ne conduit pas pour cette raison à des phrases acceptables.[51] Or le principe général (168) n'interdit même pas l'efface-

---

tive que la raison d'être de la survivance serait à éclaircir. - Un moyen
de considérer même ce *que*-ci comme le complémenteur serait de le rapprocher
de celui dans *avant que de partir* qui apparaît également avec l'infinitif
(et qui est également ressenti comme archaïque). Je ne choisirai pas ici
entre les deux possibilités.

50. Pourquoi c'est précisément *à* n'est pas clair; cf. Kayne (1975a).

51. Pour cette propriété des règles obligatoires, cf. Kayne (1974:50) et (1975b:
147ss.).

ment de *quoi*, et il est a fortiori incapable de prédire l'acceptabilité de
(172).

Différentes possibilités sont envisageables. On pourrait tenter de justifier néanmoins un tel principe; il faudrait expliquer en même temps pourquoi,
contrairement aux cas connus, la non-application d'une règle obligatoire fournit dans ce cas de bonnes phrases. Deuxièmement, on pourrait essayer de justifier la non-application de l'effacement à cause de l'opération ultérieure de
(168); autrement dit, on permettrait à la règle de "regarder plus loin" et de
s'appliquer ou non suivant le cas. Mais non seulement le problème de l'explication du bon résultat malgré la violation du caractère obligatoire de la règle
se poserait à nouveau; il s'agirait en même temps de justifier un mécanisme
très puissant en face de la nécessité de développer un cadre théorique capable
de restreindre la puissance générative des grammaires.

Une troisième possibilité consiste à admettre, toujours dans le but de relier l'apparition de *quoi* en structure de surface à l'impossibilité de *que*,
que la raison de la non-application de PAS-DE-QUOI se trouve, non pas à l'extérieur des structures en question - dans une contrainte indépendante ou dans
l'obstacle ultérieur -, mais dans les structures elles-mêmes. En d'autres termes, on pourrait faire entrer dans la description structurale de PAS-DE-QUOI
le rapport entre l'effacement de *quoi* et la présence du complémenteur, cela à
condition de préciser davantage la structure du constituant dominé par le noeud
COMP.

En effet, si *que* se trouvait dans le cas général dans COMP au moment de
l'application de PAS-DE-QUOI, on pourrait considérer sa présence comme la condition de l'application de la règle; autrement dit, PAS-DE-QUOI s'appliquerait
lorsque *quoi* et le complémenteur se trouvent tous deux dans COMP. Comme *que*
est exclu, en vertu de (168), dans les infinitivales enchâssées, son absence
interdirait à PAS-DE-QUOI de s'appliquer.

Pour un dernier point concernant la formulation de PAS-DE-QUOI, je retourne
à la question de savoir comment exclure les compléments de *quoi* à droite de
que. J'ai montré au § 5.1. qu'un simple effacement des NP comme dans le cas de
REL-NP-DEL n'était pas possible, et qu'il fallait mentionner *quoi* dans la règle. Les faits du genre *un livre sur quoi* permettent cependant toujours l'effacement du NP introduit par *quoi* aussi bien que l'effacement de *quoi* tout
seul. L'effacement du NP a en plus l'avantage de rendre superflu un mécanisme
excluant ad hoc les compléments qui ont "échoué" dans COMP (cf. (137)). *Que
d'intéressant, que qui mérite d'être retenu* "interrogatifs" seront donc ex-

clus, comme les structures relatives *(ce) que d'intéressant, (ce) que qui mé-rite d'être retenu,* par l'effacement du NP (introduit par) *quoi.*[52]

5.4.2. PAS-DE-QUOI a donc la forme suivante:

(173)   PAS-DE-QUOI (obligatoire)

$$\text{COMP}[\ quoi\ \ X\ \ que\ ]\ \ \underset{1\qquad\quad 2}{} \ \ \text{-->}\ \ \emptyset\ \ 2$$

et est ordonnée après une règle éventuelle d'effacement de *que* dans les infi-nitivales enchâssées.[53]

La formulation (173) rend compte de plusieurs faits qui n'ont pas encore été mentionnés. La position initiale de *quoi* dans COMP exclut son effacement lorsqu'il est précédé de quoi que ce soit, et interdit ainsi la dérivation de

(174) a.   *A que penses-tu?
      b.   *Un livre sur que a été interdit? [54]

Deuxièmement, dans l'hypothèse qu'il n'y a pas de complémenteur dans les ex-pressions (175), PAS-DE-QUOI ne peut s'appliquer; les expressions sont donc bonnes:

(175) a.   Quoi d'autre à propos de Santos Vega?
      b.   Quoi de neuf sur les sourciques?
      c.   Quoi de si extraordinaire chez cette fille?

Autrement dit, ces structures seraient engendrées, non pas au moyen des règles de base réécrivant $\bar{S}$ comme COMP - S, mais directement comme des NP.[55]

Troisièmement, l'absence d'un marqueur de question dans (173) impose l'ef-facement de *quoi* en dehors des interrogatives; la règle s'applique donc dans les relatives libres et exclut correctement (176) en face de (177):

(176)   *Tu choisiras quoi tu veux.

(177)   Tu choisiras qui tu veux.

----

52. Pour une autre conséquence souhaitable de cet effacement cf. le § 5.7.

53. Egalement possible serait la non-insertion de *que* dans les COMP des phra-ses enchâssées à l'infinitif.

54. Pour un problème général que pose une formulation utilisant la frontière de COMP v. Kayne (1975a:43).

55. Une possibilité de le faire consisterait, comme me l'a signalé N. Ruwet, à les engendrer sous le noeud E (cf. Banfield (1973)). Cf. cependant la mise en garde contre un usage non contraint de E comme "fourre-tout" dans Ruwet (1975ms).

Quatrièmement, la formulation (173) exclut correctement l'application de PAS-DE-QUOI dans les constructions concessives du type (178), permettant ainsi (179) :

(178) a. Qui qu'il soit, j'ai peur de le rencontrer.
      b. Où que tu te caches, on te trouvera.
      c. Quel que soit ton âge, il n'est jamais trop tard pour com-
          mencer.

(179) a. Quoi qu'il te raconte, ne lui fais pas confiance.
      b. Quoi qu'en disent certains, apprendre à obéir n'a jamais
          fait de mal à un gosse.

à condition que *qui, où, quel, quoi* ne se trouvent pas ici dans COMP.[56] La même chose vaut pour les phrases clivées:

(180)   C'est un trois pièces qu'il cherche.

(181)   C'est quoi qu'il cherche?

et, évidemment, du *quoi* non antéposé par WH-MOVE:

(182)   Elle t'a répondu quoi?

La formulation (173) rend compte de l'impossibilité de *que d'intéressant*, *que qui mérite d'être retenu* par l'effacement du NP entier introduit par *quoi*. Elle attribue ainsi l'inacceptabilité de ces séquences à une cause indépendante du caractère atone de *que* et affirme que *que d'intéressant* etc. seraient impossibles même au cas où *que* ne serait pas "clitique".[57] Cette différence correspond exactement à celle qu'on a constatée au § 3.4.2. en examinant les faits concernant *diable*. Autrement dit, si *diable* ne fait pas partie du NP introduit par *quoi* au moment de l'application de PAS-DE-QUOI[58], et s'il peut apparaître dans d'autres positions de la phrase que celle qui suit *que* (ou un mot *wh* comme dans *où diable as-tu été?*), comme le montre

(183)   Je ne sais diable pas quoi faire.[59]

diable pourrait être placé relativement tard dans sa position, permettant (91)

---

56. Pour des arguments dans ce sens, v. Kayne (1975a:45s.).

57. Le seul locuteur que j'aie trouvé qui accepte (avec des réserves) *Que Pierre a-t-il fait?* rejetait *Que d'intéressant a-t-il fait?*

58. Comme pourrait le suggérer l'inacceptabilité de

    (bs)   *Elle t'a répondu quoi diable?

    Diable pourrait cependant être exclu indépendamment, en structure de sur-face, dans la position finale.

59. L'existence de ce type de phrases m'a été signalée par M. Borel.

et (92), que je répète:

> (91)   Que diable Marie cherche-t-elle?
>
> (92)   Que diable, à ton avis, va-t-il se passer maintenant? [60]

Notons que l'hypothèse QUOI-MORPH ne peut exclure *que d'intéressant* que de deux manières: pour cliticité, c'est-à-dire de la même façon que *Que Marie cherche-t-elle?*, ou ad hoc, pour tenir compte de la différence entre les deux. Dans chaque cas, elle est inférieure à l'hypothèse QUE-COMP.

Le cas des compléments de *quoi* nous ramène à la question du caractère obligatoire de la règle PAS-DE-QUOI. Comme je l'ai dit plus haut, *quoi* n'est pas entièrement exclu des non-enchâssées infinitivales, et on a plus facilement *Quoi répondre?* que *Quoi répondra-t-elle?* Pour certains locuteurs, *Quoi d'autre pourrait-elle répondre?* se situe entre ces deux phrases. Ces différences suggèrent des degrés dans le caractère obligatoire de PAS-DE-QUOI; on comparera sur ce point, et en particulier en ce qui concerne *quoi d'autre*, la gradation d'acceptabilité dans

> (184) a.   Elle en offrira à vous.
>   b.   ??Elle en offrira à vous autres.
>   c.   ?Elle en offrira à vous trois.
>   d.   Elle en offrira à vous tous.

où c'est le caractère obligatoire de CL-PL qui varie en fonction des compléments du pronom (exemples de Kayne (1975b:179)). [61]

5.5.   Quant à la structure du complémenteur, j'admets donc que le noeud COMP domine deux positions qui peuvent, au cours de la dérivation, être remplies en même temps: l'une par le syntagme antéposé par WH-MOVE, l'autre par le complémenteur *que*. Ces deux positions ne peuvent pas être remplies, en français standard, en structure de surface. En français populaire, par contre, cela est courant dans les relatives comme dans les interrogatives; cf.

> (185) a.   le garçon à qui que j'ai parlé   [62]
>   b.   la fille avec qui qu'il est sorti

---

60. *Que diable d'intéressant* est bien sûr exclu par l'effacement de *quoi d'intéressant*; le résultat *que (diable)* est marqué agrammatical pour violation de la condition de récupérabilité (cf. p. 107).

61. La possibilité de *quoi* dans les non-enchâssées infinitivales pourrait suggérer qu'il n'y a pas de complémenteur *que* dans ces phrases; le *que* de (159) serait donc autre chose. La question ne semble pas concerner la formulation de PAS-DE-QUOI; je la laisse ouverte.

62. Quant à l'impossibilité de

(186) a.   A qui que tu veux parler?
       b.   Qui que tu as vu?
       c.   Quoi que tu fais là?

La cooccurrence de *quoi* et *que* dans COMP, présupposée dans la formulation de PAS-DE-QUOI, correspond donc à une propriété structurale du français. C'est cette propriété qui explique pourquoi, en français standard, les exemples (188), où *que* précède le mot *wh*, sont "plus" exclus que (187):

(187) a.   *les amis sur qui que tu comptais
       b.   *Il ignore lesquels que tu voulais.

(188) a.   ***les amis que sur qui tu comptais
       b.   ***Il ignore que lesquels tu voulais.

La complémentarité en structure de surface n'est donc pas limitée à *quoi* et *que*. Comme Kayne (1974:43) l'a noté, les constructions *wh* présentent un cas (et le seul) où *que* est systématiquement absent des enchâssées à temps fini. Etant donné l'analyse QUE-COMP, le complémenteur *que* est systématiquement présent dans les constructions *wh* lorsque le mot *wh* ne l'est pas, à savoir après l'application de REL-NP-DEL et de PAS-DE-QUOI, cela également dans les non-enchâssées à l'infinitif.

La distribution complémentaire est assurée, dans le cas de *quoi* interrogatif et relatif "libre", par l'interaction de PAS-DE-QUOI d'une part et de quelque mécanisme que ce soit qui exclut le complémenteur *que* dans les enchâssées infinitivales. J'admettrai ici, uniquement pour les besoins de l'exposition, qu'il s'agit d'une règle effaçant *que* dans ces phrases, et s'appliquant avant PAS-DE-QUOI; je l'appellerai QUE-NON. Rien dans ce qui suit dépend crucialement de ce choix; un autre mécanisme, aussi longtemps qu'il s'applique avant PAS-DE-QUOI, peut être supposé remplacer QUE-NON (cf. la n. 53). QUE-NON est également à l'oeuvre dans les relatives à l'infinitif où elle se trouve en interaction avec REL-NP-DEL (dont l'application, comme on l'a vu au § 5.3.2., ne dépend pas de la présence de *que*).

Lorsqu'un mot *wh* est présent, à la suite de l'application de PAS-DE-QUOI, dans les interrogatives, *que* est effacé pour exclure (187b) (et (186) en français standard). Cet effacement, qui est à distinguer de QUE-NON, est le fait de

(189)   QUE-DALLE (obligatoire)

$$\text{COMP}[\; A \quad que \;] \quad \longrightarrow \quad 1 \quad \emptyset$$
$$\quad\quad 1 \quad 2$$

_____

(bt)   *le garçon qui que tu as vu

cf. Kayne (1975a:47).

Cette règle correspond exactement à celle qui efface *que* dans les relatives (QUE-DEL dans Kayne (1975a)).

Au moyen des règles discutées jusqu'ici, appliquées dans l'ordre WH-MOVE - QUE-NON[63] - PAS-DE-QUOI - QUE-DALLE, on obtient les dérivations suivantes:

(190)   Je me demande à quoi cela ressemble.

je me demande $_{\bar{S}}$[$_{COMP}$[que] cela ressemble à quoi]

WH-MOVE: oui

je me demande $_{\bar{S}}$[$_{COMP}$[à quoi que] cela ressemble]

QUE-NON: non
PAS-DE-QUOI: non
QUE-DALLE: oui

je me demande $_{\bar{S}}$[$_{COMP}$[à quoi] cela ressemble]

(191)   Je ne sais pas quoi dire à Max.

je ne sais pas $_{\bar{S}}$[$_{COMP}$[que]   dire quoi à Max]

WH-MOVE: oui

je ne sais pas $_{\bar{S}}$[$_{COMP}$[quoi que]   dire à Max]

QUE-NON: oui

je ne sais pas $_{\bar{S}}$[$_{COMP}$[quoi]   dire à Max]

PAS-DE-QUOI: non
QUE-DALLE: non

(192)   Que dire à Max?

$_{\bar{S}}$[$_{COMP}$[que] dire quoi à Max]

WH-MOVE: oui

$_{\bar{S}}$[$_{COMP}$[quoi que] dire à Max]

QUE-NON: non
PAS-DE-QUOI: oui

$_{\bar{S}}$[$_{COMP}$[que] dire à Max]

QUE-DALLE: non

---

63. L'ordre WH-MOVE avant QUE-NON n'est pas pertinent; il pourrait être inversé.

(193)   Que cherche Marie?

$_{\bar{S}}[\ _{COMP}[\ que\ ]$ Marie cherche quoi]

WH-MOVE: oui

$_{\bar{S}}[\ _{COMP}[\ quoi\ que\ ]$ Marie cherche]

QUE-NON: non
PAS-DE-QUOI: oui

$_{\bar{S}}[\ _{COMP}[\ que\ ]$ cherche Marie] [64]

QUE-DALLE: non

Dans ces dérivations, *que* se trouve dans COMP au moment de l'application de WH-MOVE. La règle insérant *que* peut aussi bien s'appliquer après WH-MOVE; elle doit s'appliquer avant (le cas échéant, QUE-NON (cf. la note 53), et) PAS-DE-QUOI. D'autre part, l'ordre postulé QUE-INS(ERTION) avant PAS-DE-QUOI est compatible avec l'ordre QUE-INS avant QUE-QUI et STYL-INV (cet ordre), cette dernière devant s'appliquer avant PAS-DE-QUOI,[65] ce qui donne le tableau suivant (les règles dont l'ordre respectif n'est pas pertinent ici se trouvent à la même ligne):

(194)   WH-MOVE   QUE-INS

          QUE-QUI   QUE-NON

          STYL-INV

          PAS-DE-QUOI   REL-NP-DEL

          QUE-DALLE

5.6.   Dans les dérivations (190)-(193), j'ai fait abstraction de la question de savoir comment assurer la "survie" du complémenteur dans les questions directes face aux autres non-enchâssées où il n'apparaît pas en structure de surface. Si, comme je l'ai admis, *que* est engendré d'une façon générale dans tous les COMP (quant aux enchâssées infinitivales, cf. la règle (ou le mécanisme) QUE-NON), il doit être effacé dans les COMP des non-enchâssées par une transformation radicale (cf. la n. 4). Cette transformation, qui ne s'applique donc pas dans les enchâssées, doit rendre compte en particulier des cas suivants:

---

64. STYL-INV s'applique entre WH-MOVE et PAS-DE-QUOI; cf. le tableau (194).

65. C'est le mot *wh* en position initiale qui déclenche STYL-INV. Je reviendrai sur la question de l'ordre au § 5.6.

(195)   *Que Mathilde est revenue.
(196)   *Que Mathilde est-elle revenue?

(197)   Que fait Mathilde?

EFFACEMENT RADICAL DE QUE doit donc pouvoir distinguer les questions oui-non des questions *wh*, cela même en l'absence d'un mot *wh*, ce qui ne peut se faire en termes du trait *Q* (qui déclenche SUBJ-CL-INV dans les interrogatives; cf. le § 3.2.) puisqu'il est commun aux deux types de question. Il faut donc admettre que (196) et (197) se distinguent par un autre trait à la présence (ou l'absence) duquel peut référer EFF-RAD-QUE. J'admettrai ici que PAS-DE-QUOI, en effaçant *quoi*, laisse derrière le trait *wh* qui continue à précéder le complémenteur dans (197). EFF-RAD-QUE peut alors être formulée de la façon suivante:

(198)   EFF-RAD-QUE (obligatoire)

$$_{\bar{S}}[\; que \;\; X \;] \quad \text{-->} \quad \emptyset \;\; 2$$
$$\phantom{_{\bar{S}}[\;\;\;} 1 \quad\;\; 2$$

Le fait que la règle ne puisse s'appliquer à une structure $_{\bar{S}}[\; wh \; que \; X \;]$ permet donc l'apparition en structure de surface du *que* de (197). Ce fait prédit aussi l'acceptabilité de (199) si le COMP de cette phrase comporte le trait *wh* dans la même position:

(199) a.   Que vous avez été généreux!
      b.   Que vous êtes peu tendre avec elle!

Il semble en effet que la dérivation de ces exclamatives implique le déplacement d'un constituant *wh*, comme le suggère le contraste, noté par Milner (1974:94),

(200)   Que vous habitez une belle maison!

(201)   *Que vous habitez dans une belle maison!

Ce contraste peut être expliqué par l'impossibilité pour WH-MOVE, en français, de s'appliquer dans un NP précédé d'une préposition sans la déplacer en même temps (pour d'autres cas de cette contrainte, cf. le chap. I, § 1.1.3.), ce qui interdit l'extraction de $\underset{wh}{\Delta}$ dans la structure, sous-jacente à (201),

(202)   vous habitez $_{PP}[$ dans $_{NP}[$ une $\underset{wh}{\Delta}$ belle maison $]]$

L'absence, en structure de surface, d'un quantificateur présent en structure profonde est d'autre part suggérée par le syntagme nominal en *de* dans (203), ressemblant à celui de (204) et (205), et contrastant avec celui de (206):

(203)   Que vous avez de poils sur la poitrine!

(204)   Il a beaucoup de poils sur la poitrine.
(205)   Combien vous avez de poils sur la poitrine!

(206)   *Elle prétend qu'il a de poils sur la poitrine.

Aux phrases (199), (200) et (203) s'opposent les exclamatives

(207) a.   Vous habitez dans une si belle maison!
      b.   Vous avez été tellement généreux!
      c.   Vous avez tellement de poils sur la poitrine!

où aucun élément *wh* n'est présent à la surface, ni sûrement en structure profonde non plus; cf.

(208)   *Vous avez de poils sur la poitrine!

WH-MOVE n'est pas en jeu; EFF-RAD-QUE dérive correctement (207) et exclut

(209) a.   *Que vous habitez une si belle maison!
      b.   *Que vous habitez dans une si belle maison!
      c.   *Que vous avez été tellement généreux!
      d.   *Que vous avez tellement de poils sur la poitrine!

Finalement, EFF-RAD-QUE ne s'applique pas dans

(210) a.   Peut-être qu'il est parti.
      b.   Sans doute qu'il est parti.
      c.   Heureusement qu'il est parti.

si *peut-être* etc. se trouvent dans une structure $_{\bar{S}}[$ ___ *que X* $]$.[66]

Le fait que PAS-DE-QUOI, en effaçant *quoi*, laisse le trait *wh* derrière
pourrait découler de la condition de récupérabilité. PAS-DE-QUOI ressemblerait
une fois de plus à REL-NP-DEL qui ne peut effacer que sous identité et laisse
également le trait *wh* derrière. La survie du trait ne rend d'ailleurs pas
l'ordre STYL-INV avant REL-NP-DEL / PAS-DE-QUOI superflu (STYL-INV étant déclenché par *wh* en position initiale de phrase); autrement, sa présence dans
(211) devrait permettre de dériver (212), comme (213) conduit à (214):

(211)   Que de chevelus sont arrivés!
(212)   *Que sont arrivés de chevelus!

(213)   Combien de chevelus sont arrivés!
(214)   Combien sont arrivés de chevelus! [67]

Le contraste entre les deux paires de phrases s'explique si, dans la description structurale de STYL-INV, le premier terme doit comporter un item lexical.

---

66. Cf. pour ces structures Kayne (1975a).

67. Pour l'application de STYL-INV dans (214), cf. le chap. I.

Que cette condition ne soit pas ad hoc est suggéré par le fait qu'elle est également valable dans le cas de QUE-DALLE, où le terme initial de la description structurale ne doit pas être vide.

5.7.1. J'ai laissé ouverte jusqu'ici la question de savoir comment seront exclues les interrogatives enchâssées introduites par *que* qui sont dérivées par l'application de PAS-DE-QUOI. Une réponse qui se propose immédiatement est que l'absence d'un mot *wh* est responsable de l'inacceptabilité de

(215)   *Je ne sais pas que tu fais.

La phrase pourrait alors être exclue par une règle n'assignant une interprétation de question *wh* à une phrase *que* lorsque le COMP de cette phrase a la forme

(216) $_{COMP}[\ ^{A}_{wh}\ X\ ]$

où $^{A}_{wh}$ est non-nul.[68]

Il est clair qu'une telle règle (qui ressemble, sans lui être identique, à la condition sur l'interprétation des interrogatives proposée par Chomsky (1971;1973:281)) ne permettrait pas non plus l'interprétation de la phrase analogue non-enchâssée

(217)   Que fais-tu?

si celle-ci avait la structure (218) que je suppose être celle de l'enchâssée de (215):

(218) $_{COMP}[\ ^{\emptyset}_{wh}\ que\ ]\ X$

Je propose le schéma d'explication suivant. Le complémenteur qui a survécu à EFF-RAD-QUE assure à la surface la fonction de l'élément *wh* absent (effacé dans ce cas). *Que* assure la fonction de *quoi* syntaxiquement en se trouvant dans la position initiale des interrogatives, et sémantiquement en permettant l'interprétation correcte. La même chose est vraie des exclamatives dans lesquelles le complémenteur "remplace" un élément absent (abstrait ici). L'interprétation, qui

---

68. Je n'essaierai pas de préciser ce que veut dire "interprétation de question *wh*"; j'admets qu'elle comprend ce qui est commun, du point de vue de l'interprétation, à (bu) et (bv), et toutes les paires analogues:

(bu)   Quand viendra-t-il?

(bv)   On ne sait pas quand il viendra.

doit être différente selon le cas, pourrait être assurée de diverses manières qui dépendent d'hypothèses générales et ne peuvent être évaluées que si ces hypothèses sont précisées davantage.[69]

Si *que* représente l'élément absent dans les non-enchâssées, son caractère de "remplaçant" est, dans l'analyse que j'ai proposée plus haut, la condition de sa survie au moment de l'application de la règle EFF-RAD-QUE. Inversement, il se pourrait que *que* ne soit capable de remplacer l'élément absent que lorsqu'il n'est pas "subordonnant". Cette supposition dirait alors que dans les cas où le complémenteur introduit une phrase enchâssée, il ne peut en même temps servir de remplaçant. Il en résulte que les phrases

(219)   Je sais qu'ils mangent.

(220)   C'est fou qu'ils mangent.

(221)   Qu'ils mangent ne me plaît pas.

sont impossibles comme, respectivement, interrogative, exclamative et relative libre. Elles ne peuvent donc avoir que l'interprétation neutre. Les phrases

(222)   *Dis-moi que tu as remarqué au premier rang.

(223)   *C'est fou qu'ils ont peur.

(224)   *Il boit qu'il trouve.

sont exclues pour la même raison. Je pose donc le principe suivant:[70]

(225)   Dans une structure

$$\bar{S}[\ldots \bar{S}[\text{ que } \ldots] \ldots]$$

l'interprétation ne peut être que celle de l'enchâssement neutre.

---

69. En partant du fait qu'il n'y a apparemment qu'un seul élément à remplacer dans les interrogatives, et un seul dans les exclamatives, on pourrait, pour les non-enchâssées, admettre (en s'inspirant de Milner (1974 et 1975) que l'interprétation univoque des constructions *wh* est assurée, en français, sur la base des traits lexicaux des mots *wh*. D'autre part, dans une perspective générale, l'étude du problème de la récupérabilité des éléments effacés, en particulier en ce qui concerne l'effacement d'un item individuel, devrait permettre de comprendre la façon dont un tel élément reste disponible pour l'interprétation sémantique, ainsi que les conditions dans lesquelles l'effacement est possible. On pourrait alors répondre à la question de savoir pourquoi *quoi* peut être effacé.

70. Ce principe présuppose que *que* n'est pas un pronom. Cf. les notes 40 et 48 à propos de *que* et *qui* au XVIIe siècle.

5.7.2. Les phrases inacceptables (222)-(224) sont remplacées, du point de vue de l'interprétation, par

(226)   Dis-moi ce que tu as remarqué au premier rang.

(227)   C'est fou ce qu'ils ont peur.

(228)   Il boit ce qu'il trouve.

dans lesquelles un NP complexe, avec la tête *ce*, est substitué à la phrase enchâssée; en d'autres mots, (226)-(228) sont, syntaxiquement parlant, des relatives.

Langacker (1972:55) note qu'on pourrait considérer une phrase comme (226) comme un cas spécial de "question cachée" (concealed question). Cette idée est étayée par le fait que, contrairement aux relatives "ordinaires", le NP tête doit être *+déf* dans chaque cas; cf. (226) et (229) en face de (230) et (231):

(229) a.   Je ne sais pas l'endroit où il habite.
     b.   J'ignore l'heure qu'il est.
     c.   Je me demande la femme qui lui conviendrait.

(230) a.   *Je me demande quelque chose que tu as remarqué.
     b.   *Je me demande quelque chose qui lui ferait plaisir.

(231) a.   *Je me demande une heure qui lui conviendrait.
     b.   *Je me demande un endroit où il pourrait habiter.

Les NP non-têtes de relatives qui peuvent entrer dans cette construction doivent également être *+déf*:

(232) a.   Je me demande le titre de son dernier film.
     b.   Je me demande le nom de l'auteur de "Midnight Special".

(233) a.   Je me demande ⎰ *un ⎱ des surnoms du commissaire Pulin.
                         ⎱??l'un⎰

     b.   Je me demande ⎰ *un ⎱ des auteurs de "Midnight Special".[71]
                         ⎱??l'un⎰

L'idée de Langacker peut être étendue aux "exclamatives cachées": (227) est parallèle à (234) comme (226) l'est à (229) et (232).

---

71. Il ne semble pas possible de considérer les interro-relatives, ni les NP de (232) non plus, comme des phrases, ce qui rend douteuse leur dérivation éventuelle de phrases interrogatives: *je ne suis pas sûr* permet pour un certain nombre de locuteurs des interrogatives, mais les NP sont exclus:

   (bu)   Je ne suis pas sûr   ?qui a sonné
                              ?où elle habite
                              ??quel est le titre de ce film

   (bv)   Je ne suis pas sûr   *la personne qui a sonné
                              *l'endroit où elle habite
                              *le titre de ce film

(234) a.   C'est fou l'argent qu'il a.
      b.   Tu n'imagines pas les beaux pieds qu'elle a.
      c.   C'est terrible l'heure qu'il est déjà.
      d.   C'est absolument incroyable la chance de son fils.

Ce parallélisme est d'autant plus frappant que l'observation souvent faite qu'à l'exclamative (235) ne correspond pas une interrogative (236) vaut également pour les NP relatifs à tête lexicale:

(235)   Ce qu'il a peur!

(236)   *Ce que tu fais?

(237)   L'heure qu'il est!

(238)   *L'heure qu'il est?

Finalement, les relatives servent également de relatives "libres cachées":

(239) a.   Il boit ce qu'il trouve.
      b.   Il épousera la femme qui voudra bien de lui.

Je ne m'occuperai pas ici du problème de l'interprétation de ces structures relatives. On note de toute façon que *que* enchâssé peut introduire une phrase sémantiquement interrogative, exclamative ou relative libre à condition seulement qu'il existe un antécédent. Le principe (225) doit donc être reformulé de la façon suivante:

(240)   Dans une structure

$$_{\bar{S}}[\ldots {}_{\bar{S}}[\; que \ldots] \ldots]$$

où il n'existe pas d'antécédent possible de *que*, l'interprétation ne peut être que celle de l'enchâssement neutre.

5.7.3. Je terminerai, en retournant aux interrogatives (sans antécédent), sur une spéculation à propos des règles éventuelles qui se base sur la règle d'interprétation des interrogatives mentionnée au § 5.7.1., que je suppose donc à titre d'essai être correcte.

(218) pourrait ne pas être la structure définitive de (217). Elle est, comme le suggèrent les faits concernant l'extraction dans (200) et la forme du syntagme nominal dans (203), également sous-jacente à celle-ci. Au déplacement du quantifieur *wh* abstrait dans (203) correspond le déplacement du NP complet dans

(241)   Que de poils vous avez sur la poitrine! [72]

qui aurait la structure, à la suite de WH-MOVE,

---

72. Cf. pour les deux genres de déplacement du quantifieur ceux de *combien*, au chap. I.

(242) $_{COMP}[\ {}^{\Delta}_{wh}$ de poils   que] vous avez sur la poitrine

dans laquelle, contrairement aux cas précédents, l'ordre linéaire n'est pas encore acceptable. (241) résulterait de l'application de COMP-ATTR (ATTRACTION DU COMPLÉMENTEUR), survenant à la suite de EFF-RAD-QUE, et formulée ainsi:

(243)   COMP-ATTR (obligatoire)

$_{COMP}[\ wh\ X\ que\ ]\ \ -->\ \ _{COMP}[\ {}^{que}_{wh}\ X\ \emptyset\ ]$

Cette règle a deux conséquences. En premier lieu, elle rend compte du fait bizarre que le complémenteur "interrogatif" ne peut prendre de complément (cf. l'inacceptable *que d'intéressant*) tandis que cela est possible pour le complémenteur "exclamatif". Etant donné la règle COMP-ATTR, cette différence est une conséquence du fait que PAS-DE-QUOI efface le syntagme introduit par *quoi*, tandis qu'aucun effacement ne s'applique au syntagme ${}^{\Delta}_{wh}$ *de poils* antéposé par WH-MOVE.

Le fait que l'asymétrie soit expliquée de cette manière ne prédit pas pour autant qu'elle doive se retrouver dans les enchâssées (questions et exclamatives "cachées") du type

(244)   Dis-moi ce que tu veux.

(245)   C'est fou ce qu'il est généreux.

Le NP ${}^{\Delta}_{wh}$ *de poils* peut se trouver dans la structure (246), dont dérive, par WH-MOVE du quantifieur, (247):

(246)   c'est fou ce $_{\bar{S}}[\ _{COMP}[$ que] vous avez ${}^{\Delta}_{wh}$ de poils ...]

(247)   C'est fou ce que vous avez de poils sur la poitrine.

L'application de WH-MOVE au NP entier conduit cependant à la structure

(248)   c'est fou ce $_{\bar{S}}[\ _{COMP}[\ _{NP}[\ {}^{\Delta}_{wh}$ de poils] que] vous avez ...]

à laquelle s'applique REL-NP-DEL en effaçant le NP; en violant la condition de récupérabilité, elle en dérive (249); (250) n'est pas engendrable:

(249)   C'est fou ce que vous avez sur la poitrine.

(250)   *C'est fou ce que de poils vous avez sur la poitrine.

La deuxième conséquence de COMP-ATTR est le fait que la structure résultant de son application à (218), structure sous-jacente de (217), a la forme

(251) $_{COMP}[\ {}^{que}_{wh}\ \emptyset\ ]$

qui satisfait la règle d'interprétation des interrogatives. Il est clair que COMP-ATTR doit être limitée aux non-enchâssées à moins que la règle d'interprétation soit bloquée pour une raison indépendante. Cette raison pourrait être l'existence du principe (240).

6.   Conclusion

L'analyse de *que* "interrogatif" a opposé l'hypothèse du pronom à l'hypothèse du complémenteur. Elle a montré la supériorité de QUE-COMP dans quatre domaines différents: sujets enchâssés sous *croire* (§ 4.1.), caractère clitique[73] et impossibilité des compléments (§ 4.2.), interrogatives et exclamatives enchâssées et relatives libres (§ 4.3.), apparition de *quoi* dans les infinitivales enchâssées (§ 5.3.).

Les résultats sont les suivants. Une règle de "montée" n'existe pas. *Que* "interrogatif" (sauf dans quelques cas peu généraux) n'est pas un pronom, mais le complémenteur. Son apparition dans les interrogatives est due à la règle d'effacement PAS-DE-QUOI. Cette règle doit mentionner l'item *quoi* dans sa description structurale; elle présuppose que le noeud COMP domine deux positions qui peuvent être remplies en même temps au cours de la dérivation;[74] ce n'est que dans ce cas qu'elle peut s'appliquer. L'inacceptabilité des interrogatives enchâssées introduites par *que* est attribuée à un principe d'interprétation qui s'applique d'une manière générale, y compris aux exclamatives enchâssées et aux relatives libres.

Le complémenteur apparaît donc, en structure de surface, aussi bien dans certaines non-enchâssées que dans la plupart des enchâssées.

La quasi-absence du pronom *que* en français moderne contraste avec sa présence, à côté du complémenteur, dans le français du XVIIe siècle.

---

73. Le caractère clitique de *que* continue à poser certains problèmes. La question est en particulier celle de savoir où *que* se trouve en structure de surface (dans COMP? sous V?); elle se pose pour les deux hypothèses. Les faits du clitique *quel* peuvent être pertinents. Pour d'autres problèmes qui restent à résoudre, dans le domaine de la cliticité, v. la n. 12.

74. Cette supposition était assez plausible pour l'analyse des relatives (cf. Kayne (1974 et 1975a)); à l'intérieur de l'hypothèse QUE-COMP elle est nécessaire.

BIBLIOGRAPHIE

Bach, Emmon. 1971. Questions. *LIn* II/2. 153-66.

Baker, Carl L. 1970. Notes on the Description of English Questions. The Role
of an Abstract Question Morpheme. *FL* 6. 197-219.

Banfield, Ann. 1973. Narrative Style and the Grammar of Direct and Indirect
Speech. *FL* 10. 1-39. Traduction française dans *Change* 16-17. 188-226. 1973.

Boons, Jean-Paul, Alain Guillet, Christian Leclère. 1973. *La structure des
phrases simples en français. I: Les verbes intransitifs.* Laboratoire d'Automatique Documentaire et Linguistique, C.N.R.S. et Universités de Paris VII
et Paris VIII (à paraître: Genève, Droz).

Bresnan, Joan. 1972. *The Theory of Complementation in English Syntax.* Thèse de
doctorat. Massachusetts Institute of Technology. Inédit.
- 1975. Comparative Deletion and Constraints on Transformations. *Papers in the
History and Structure of English,* éd. par Jane B. Grimshaw. University of
Massachusetts Occasional Papers in Linguistics 1. 45-87. Amherst, Mass.
Egalement dans *Linguistic Analysis* I/1. 1975.

Chomsky, Noam. 1965. *Aspects of the Theory of Syntax.* Cambridge, Mass., M.I.T.
Press.
- 1971. Conditions on Transformations. Distribué par l'Indiana University
Linguistics Club. Légèrement remanié dans *A Festschrift for Morris Halle,*
éd. par Stephen P. Anderson, Paul Kiparsky, 232-86. New York, Chicago etc.,
Holt, Rinehart and Winston 1973.

Cornulier, Benoît de. 1974. *Pourquoi* et l'inversion du sujet non clitique.
Actes du Colloque Franco-Allemand de Grammaire Transformationnelle, éd. par
Christian Rohrer, Nicolas Ruwet, vol. 1, 139-63. Tübingen, Max Niemeyer.

Dougherty, Ray C. 1970. A Grammar of Coordinate Conjoined Structures: I. *Lg*
46. 850-98.

Emonds, Joseph. 1970. *Root and Structure-Preserving Transformations.* Thèse de
doctorat. Massachusetts Institute of Technology. Inédit.

Fauconnier, Gilles. 1974. *La coréférence: syntaxe ou sémantique?* Paris, Eds.
du Seuil.

Gaatone, David. 1970. La transformation impersonnelle en français. *FM* 38. 389-
411.

Gross, Maurice. 1967. Sur une règle de cacophonie. *Langages* 7. 105-19.

- 1968. *Grammaire transformationnelle du français: syntaxe du verbe*. Paris, Larousse.
- 1969. Remarques sur la notion d'objet direct en français. *Langue française* 1. 63-73.

Grosu, Alexander. 1974. On the Nature of the Left Branch Condition. *LIn* V/2. 308-19.

Haase, A. 1969. *Syntaxe française du XVIIe siècle*. Paris, Delagrave. München, Max Hueber.

Hankamer, Jorge. 1973. Unacceptable Ambiguity. *LIn* IV/1. 17-68.

Hirschbühler, Paul. 1975. On the Source of Lefthand NPs in French. *LIn* VI/1. 155-65.

Kayne, Richard S. 1969. *The Transformational Cycle in French Syntax*. Thèse de doctorat. Massachusetts Institute of Technology. Inédit.
- 1972. Subject Inversion in French Interrogatives. *Generative Studies in Romance Languages*, éd. par Jean Casagrande, Bohdan Saciuk, 70-126. Rowley, Mass., Newbury House. Traduction française dans *FM* 41. 10-42, 131-51. 1973. Traduction allemande dans *Syntax und generative Grammatik 1*, éd. par Ferenc Kiefer, David M. Perlmutter, 175-255. Frankfurt am Main, Athenaion 1974.
- 1974. French Relative *que*. *Recherches Linguistiques* 2. 40-61. Université de Paris VIII/Vincennes.
- 1975a. French Relative *que* (Part II). *Recherches Linguistiques* 3. 30-92. Université de Paris VIII/Vincennes.
- 1975b. *French Syntax. The Transformational Cycle*. Cambridge, Mass., M.I.T. Press. Traduction française à paraître: Paris, Eds. du Seuil.

Kuno, Susumo. 1973. Constraints on Internal Clauses and Sentential Subjects. *LIn* IV/3. 363-85.

Langacker, Ronald W. 1972. French Interrogatives Revisited. *Generative Studies in Romance Languages*, éd. par Jean Casagrande, Bohdan Saciuk, 36-69. Rowley, Mass., Newbury House.

Martin, Robert. 1970. La transformation impersonnelle. *RLingRom* 135-136. 377-94

Milner, Jean-Claude. 1974. Les exclamatives et le complementizer. *Actes du Colloque Franco-Allemand de Grammaire Transformationnelle*, éd. par Christian Rohrer, Nicolas Ruwet, vol. 1, 78-121. Tübingen, Max Niemeyer.
- 1975. *Quelques opérations de détermination en français. Syntaxe et interprétation*. Thèse de doctorat d'Etat. Université de Paris VII. Inédit.

Moignet, Gérard. 1967. Le système du paradigme *qui/que/quoi*. *TLL* 5. 75-95.

Moreau, Marie-Louise. 1971. L'homme que je crois qui est venu; qui, que: relatifs et conjonctions. *Langue Française* 11. 77-90.

Obenauer, Hans-Georg. 1974. Combien je suppose qu'il faut de règles pour isoler *combien*. Deux aspects de la syntaxe de *combien*. *Actes du Colloque Franco-Allemand de Grammaire Transformationnelle*, éd. par Christian Rohrer, Nicolas Ruwet, vol. 1, 164-81. Tübingen, Max Niemeyer.
- (en prép.) Que tu fais? Comment tu vas?

Postal, Paul M. 1972. On some rules that are not successive cyclic. *LIn* III/2. 211-22.

Ronat, Mitsou. 1973. Three Deep Structures in French Complementation. *You Take the High Node and I'll Take the Low Node. Papers from the Comparative Syntax Festival*, éd. par Claudia Corum, T. Cedric Smith-Stark, Ann Weiser, 200-10. Chicago, CLS.
- 1975. Une contrainte sur l'effacement du nom. *Recherches Linguistiques* 3. 111-42. Université de Paris VIII/Vincennes.

Ross, John R. 1967. *Constraints on Variables in Syntax*. Thèse de doctorat. Massachusetts Institute of Technology. Inédit. Distribué par l'Indiana University Linguistics Club 1968.

Ruwet, Nicolas. 1972. *Théorie syntaxique et syntaxe du français*. Paris, Eds. du Seuil.
- 1975a. Les phrases copulatives en français. *Recherches Linguistiques* 3. 143-91. Université de Paris VIII/Vincennes.
- 1975b. Montée du sujet et extraposition. *FM* 43. 97-134. Traduction anglaise dans *Transformational Studies in Romance Linguistics*, éd. par X. Georgetown University Press (à paraître).
- 1975ms. Les "noms de qualité". Pour une analyse interprétative.

Sandfeld, Kr. 1928. *Syntaxe du français contemporain: les pronoms*. Paris, Champion. 1970.

Schlyter, Suzanne. 1972. Une hiérarchie d'adverbes en français. *Recherches Linguistiques* 1. 139-58. Université de Paris VIII/Vincennes.

Selkirk, Elisabeth. 1972. *The Phrase Phonology of English and French*. Thèse de doctorat. Massachusetts Institute of Technology. Inédit.

Vergnaud, Jean-Roger. 1974. *French Relative Clauses*. Thèse de doctorat. Massachusetts Institute of Technology. Inédit.